极简快速阅读

一生忘れない読書

信息时代如何读一本书

[日] 金正－著　于航－译

中国纺织出版社有限公司

原文书名：一生忘れない読書
原作者名：ジョン・キム
ISSHO WASURENAI DOKUSHO

编辑协助：上阪 徹
策划：越智秀树（OCHI企划）

著作权合同登记号：图字：01-2021-1801

图书在版编目（CIP）数据

极简快速阅读：信息时代如何读一本书 /（日）金正著；于航译. -- 北京：中国纺织出版社有限公司，2021.4
ISBN 978-7-5180-8422-7

Ⅰ. ①极… Ⅱ. ①金… ②于… Ⅲ. ①读书方法 Ⅳ. ①G792

中国版本图书馆CIP数据核字（2021）第046594号

责任编辑：李凤琴　　责任校对：高　涵　　责任印制：储志伟

中国纺织出版社有限公司出版发行
地址：北京市朝阳区百子湾东里A407号楼　邮政编码：100124
销售电话：010—67004422　传真：010—87155801
http://www.c-textilep.com
官方微博 http://weibo.com/2119887771
三河市延风印装有限公司印刷　　各地新华书店经销
2021年4月第1版第1次印刷
开本：880×1230　1/32　印张：6.75
字数：150千字　定价：42.00元

如果你想成为一个博学的人；

如果你想做一个对自己的命运有掌控力的人；

如果你想要对世界负点责任，

那么这本书或许能帮助你。

>>> 《极简快速阅读》- 核心知识点卡片 <<<

阅读的力量

拜师求知

向巨匠求教
磨炼语言
锻炼思维

准备人生

积累思考素材
理论指导实践

提升修养

充实精神
提升自身修养
及综合实力

阅读的方式

散步式

适用：文艺类、小说类
特点：休闲娱乐，漫无目的
如何读 → 利用空闲时间
遵循作者引导

登山式

适用：商务类、修养类、实用类
特点：有目的性、讲究方法
如何读 → 找自己的视角
100分钟读三遍

⇒ 阅读方法若用错，阅读效果会大打折扣

阅读的要求

1. 主动阅读
与作者“合著”
找自己的视角
2. 敢于「跳过」
只抓20%的
精华核心
3. 明确目的
让自己变敏锐
4. 反复，
比集中精力的
效果更好
5. 修养类、哲学类、
古典类书籍
不可荒疏
6. 特意安排
阅读时间，
清除干扰因素
7. 遇到毫无
阅读价值的书
要立即放弃

具有战略性质的读书法：100分钟读三遍

第一遍 10分钟概括阅读

目的

掌握全书要点和脉络轮廓

- 一边舍弃一边阅读
- 捕捉要点：浏览目录、导言、末尾、后记
- 明确目标，严格限定时间（设闹钟）
- 读古典书籍要先了解作者生平和背景

第二遍 50分钟划线阅读

目的

找出对自己有用的部分

- 捋出树干、树枝，极力排除树叶干扰
- 关注细节，标记出感兴趣的地方
- 理解事物可以从三方面入手：
  ① 挖掘要点 ②关联性 ③整体概况

第三遍 40分钟涂鸦阅读

目的

尽情涂画，留下笔记、摘抄印记

- 用10分钟划线（颜色区别于第二遍）
- 用30分钟对划线内容深入阅读、做笔记
- 记录所思所感，转述领会的内容
- 学会三连问：
  ①作者初衷 ②关键内容 ③有何帮助

多逛书店 邂逅好书 — 以送书代替旧书出售 — 让知识共享成为习惯

自序
让我们一起学会有效阅读

书籍让人生更加多彩

摆在我面前的这本书，用破破烂烂来形容可谓是恰如其分。这本书是我写的《拒不谄媚的人生》。讲演结束后，在排队等我签名的队伍中，有一名男性读者手中正拿着这本书。

翻开这本书，可以看出它已经被人翻看了无数遍。可以看得出来，这本书的主人曾经在浴盆里翻阅过这本书，由此可见，他对时间是非常珍惜的。这本书的封皮有些磨损的痕迹，书页中蕴含着水分，整本书简直残破不堪。翻看这本书的内页，只见其中有多处已经被划了线，而有些地方则被反复划线数次。从这些痕迹当中，我似乎看到他发奋苦读时的样子。

让作者看到这本书被他弄得这么狼狈，他感到十分不安，并向我表示歉意，但是他还是非常希望我能为他在这本书上签字，他这样恳求着。

当时我感动得眼泪都快掉下来了。我费尽心血写的书，对方也读得那么认真，这让我感到十分震撼。真的不枉我写这本书花费的一番心血。我真想给这个年轻人一个大大的拥抱。

很多日本人认为，书要保持干干净净才行，认为那表示对作者的尊重。我非常理解他们的这种心情。日本人真的都是待人和蔼、彬彬有礼，所以他们也总是非常在乎对方的想法，以至于把书弄脏了这种小事，都会令他们感到十分不安，甚至会产生一种罪恶感。

然而我却自始至终都不是这样读书的，当然，从图书馆借的书另当别论。我看书的时候，总要把书彻底弄脏才肯善罢甘休。因为我觉得书要是看得干干净净的话，很快就会忘得一干二净。所以我看书的时候总是会在书上划线、做笔记、折页，总之是会把一本书看得一塌糊涂。我觉得只有这样看书，才是对作者最大的尊重。

为什么这样说呢？那是因为每本书的作者都想让自己写的书有益于读者。每一本书的作者都希望自己的观点能够深入读者的心扉，希望读者能够在自己的著述中跟自己进行交流。每一本书的作者，也都希望读者对自己写的书善加利用。

我的观点虽然无法代表所有作者的观点，但要是有人问我作为作者，最值得高兴的事是什么的时候，我总会说起那本破烂不堪的书的事。听了我的话，总会有些读者一脸讶异，问我怎么可以在书上涂抹写画呢？我回答说，当然可以，而且我很高兴你们能够这样做。

较之保持清洁，其实我更希望你们这样做，我这样说道。把你的所思所感全都写在上面，这样一来，这本书就成了一本世界上独一无二的、你与我的合著。

我还希望你能够把这样一本书拿到我的面前，好让我知道你对我写的东西有何感想，以及你在看过这本书以后有什么新的发现。对于作者而言，这将是最大的欣喜。我想让你们知道，你们看到我写的东西有所感悟，并因此而留下某些文字，这对我将会是莫大的鼓舞！

一直以来，书籍对我都有着很特别的意义。我的人生与书籍简直无法割离。书籍让我的人生更加多彩，也引发了我很多思索。

很多人认为读书的目的就是为了获取更多的知识。但于我而言，书的意义却非止于此。书籍最能锻炼人的思考能力，而并非仅仅是为人们提供信息素材那么简单。优秀的书籍能让人展开一系列的思考。打个比方，书籍就好像是烹饪的方法。

只是获取知识的话，就相当于只有食材，而没有烹饪的方法。只有知道烹饪方法，才能做出美味的佳肴。我认为，看书的目的就是为了让自己掌握更多的"烹饪"方法。

读书的关键在于发现自己的视点

我生于韩国，19 岁时作为公费留学生进入日本的大学学习。在此之前，我虽然在韩国学过日语，但在日本生活却是头一回。从那个时候起，我才开始接触规模庞大的有关科学技术方面的日语书籍、报道及论文，而时至今日，我已经成为一位研究尖端科学技术的学者。

在美国留学期间，我每天依然为数之不尽的课题奔忙着，不过这回我发奋苦读的是数量巨大的英语书籍、资料以及论文。

其后，我又返回日本，在庆应义塾大学任教。从那时起，我就开始教授研讨班里的学生读书方法等方法论，其间得到了班上学生的大力支持。当然，我的方法论也在他们找工作时派上了很大的用场。

我并非在日本出生，为什么日语却用得如鱼得水呢？我了解日本吗？我能够向别人介绍日本的情况吗？为什么我过去从未涉足过科技领域，却又选择了尖端的科技项目作为自己的专业呢？

面对人们这样那样的疑问，我想要告诉人们，正是读书造就了这样的一个我。那么，我的读书方法究竟是怎样的呢？很多人都向我咨询这个问题，于是这本书就这样诞生了。由于我需要阅读大量的书籍，所以非常渴望能有一套适合自己的读书方法。简而言之，这套方法就是：

“100分钟读三遍”的读书法。我会在本书中向大家介绍这套读书法的相关技巧。

我强烈向下列人士推荐这本书：

没有时间读书的人；

不知道读什么书才好的人；

读过以后马上就忘了书中所写内容的人；

读过书以后也无法将其应用于工作与生活的人。

各位读者在读书时应注意以下事项：

带着战略眼光去读书（选择对自己来说有必要的书）；

提高读书的效率（快速阅读数次，可以借此节约时间）；

加强读书的效果（掌握了要点以后再将其记住）；

主动阅读（重视自己对书籍的理解，并能够将书籍中内容转化成为自己的语言）；

带有实践目的的阅读（不能读完就知足了，要能够将其中观点应用于实际生活当中）。

本书中介绍的读书法主要适用于以“商务类书籍”“实用类书籍”及“人文修养类书籍”为主的各类书籍。因此，本书当中介绍的是如何获取信息、增强思维能力、如何提高工作效率以及提高生产率的读书法。

我认为，在阅读文艺类书籍的时候，可以跟随作者的思维导向，完全遵照作者的观点去理解。但是其他书籍，尤其是商务类书籍，我们可以在一定程度上无视作者的诱导，要带着战略眼光，自主地、有目的地去阅读。

读书的目的在于“视点的转换”。不要妄图在书中找到普遍性真理。现实并非是平面的绘画，而是立体的雕刻。不同的人从不同的角度看，其观点自然也不尽相同。有些事物，在有些人看来或许是真实的，但在另外一些人看来或许就是虚幻的。人生并非是物理或是数学，可以有很多正确答案。

读书的关键在于如何才能发现属于自己的视点，除此之外，还要学会如何调整自己的视点，这一点也很重要。

在读书的过程中，我们会渐渐发现属于自己的“转换视点”的方法。在读一本书之前和读一本书之后，如果我们能够分别锁定不同的视点来眺望这个世界的话，那就说明我们本次的阅读是成功的。所以我们一定要找到适合自己的视点，去眺望包括书籍在内的整个世界。

对于抱有想要将书籍中的内容应用于工作及人生的想法的读者朋友来说，本书如果能为你们提供些许帮助的话，本人将会感到无上的欣慰。好，那就让我们一起进入学习之旅吧！

金正

目 录

第4章 阅读第二遍：用50分钟详细阅读

第 1 章

具有战略性质的读书法
——100 分钟读三遍

CHAPTER ONE

●读书大致可分为两种——散步式和登山式。

● 100 分钟读三遍：第一遍用 10 分钟总览全书，第二遍用 50 分钟精读，第三遍用 40 分钟深入阅读。

●阅读时通过与作者思维的碰撞，我们要有意识地得出那属于自己的、独一无二的答案。

●如果阅读时只抓要点的话，效率将会大幅提升。

●阅读时，一定要有跳过和舍弃的勇气，因为有时候不作取舍的话，根本就无法洞悉该书的真正含义。

多读书，读好书

人的寿命有限。人无法与生活在过去的人进行对话，但是书籍却让这一切成为可能。

书籍这种媒体存在的价值究竟在哪里呢？虽说其中的原因多种多样，但是于我而言，它超越了时空，授我以知识、引发我深思、给我以鼓励，这就是它的价值所在。书籍于我而言，是无可替代的珍宝。

印刷术出现之前，知识被一部分人所独占，例如教会。那时只有神职人员才有资格翻阅《圣经》，权威阶层与平民阶层完全是两个世界。

后来启蒙主义思想登场，引发了法国大革命。启蒙主义思想（Enlightenment）英文的原意为“让阳光照耀到生活在社会底层的穷苦人民”。

启蒙运动的核心人物就是以伏尔泰、卢梭、狄德罗等人为代表的“百科全书派”，他们的主要成就就是将当时世界上的信息情报及知识整理出来，编纂成《百科全书》。

这部《百科全书》的意义和目的就在于宣扬自由精神、将大众从权威主义的压迫当中解放出来。

无论是古腾堡的印刷术，还是法国大革命的启蒙思想以及百科全书派，都在为知识层面上普及民主主义作出了杰出贡献。书籍能让我们所有人从作者那里学到知识，而这种学习，是摆脱了时空限制的学习。这简直就是革命性的进步。

人只有掌握了知识，才开始真正拥有自由和人权。至此，人们才能从权威阶层的支配当中解放出来，精神才获得解放。书籍的威力如此巨大，如果不读书的话，实在是令人惋惜。

其实读书和强身健体的目的一样，只不过前者锻炼的是人的肉体，而读书锻炼的是人的精神。读书于我而言，就好似泅海攀山一样，是增强基本体能的一种手段。

通过一本书的阅读，我们可以一窥作者如何锤炼自己的智慧，如何锻炼自己的思维。我们只要抱着从旁观察的态度去读，那么，窥知作者的所思所想也并非难事。

我们的大脑在神经元等无数脑细胞的互相作用下，与外部不断进行着信息交换。书籍所呈现的内容就是经过作者的不懈思考，在其神经元的作用下得出的成果。阅读一定数量的某一领域的书籍之后，我们就能够在某种程度上把握这一领域图书作者的思维模式。

创造就是对固有思维模式的一种锤炼和提升。我们在读书时一定要摸清作者的思维模式，而不要泛泛而读。泛泛而读虽说可以学到一些知识，但读书真正的意义绝不在于此。

另外，我主张读书要多读、泛读。因为阅读量的大小能够在很大程度上左右你的人生。活跃在美国棒球职业联赛上的一郎选手，每天进行挥棒练习的次数比其他任何选手都要多。因此看似相同的每一次击打以及全垒打，在他看来也都极富变化。读书也是如此，没有数量的积累，一切都是空谈。

人的创造力的高低取决于他所掌握的思维模式的多寡。随着我们学习的日益深入，一切复杂的现象开始变得简单起来。若要做到如此，增加阅读量是不二法门。

国外有这样一句谚语：观其交友可知其为人。朋友就好像是一面镜子，书也是如此：观其所读之书亦可知其为人。

读书就等于在跟该书的作者交谈，就等于跟该书的作者学习。有什么样的老师，就会有什么样的学生；有什么样的教练，就会有什么样的球队。

在现实世界里，选择老师或是教练绝非易事，即便我们主动拜师求教，对方也未必肯给予我们机会。但在书的世界中却任由我们自由选择。与现实中的拜师学艺不同，书籍正翘首以待，等着我们去阅读，盼着我们对其善加运用。

读书要讲究方法——散步式和登山式

读书能够让我们最大限度地实现自己的人生价值。我们一定要知道，读书大致可分为两种——散步式和登山式。

有一类书籍我们称其为“文艺类书籍”。实际上，我对小说等文艺类书籍，尤其是当代文艺作品几乎没有什么兴趣。其实多数人阅读文艺类书籍的目的，也只不过是娱乐与休闲而已。

人们在阅读此类书籍时并没有特定的目的，只是单纯地沉浸于作品当中，细细品味，借以从中获取些许的安慰与共鸣。我觉得读此类书籍时有点像散步。

另外一方面，阅读实用类、商务类、修养类及非虚构类的书籍时，则完全不同于文艺类书籍。读这类书籍的感觉就好像是在登山，登山时要讲究方法。方法不合适或是体能不足的话，是无法登上山顶的。

散步式的读书与登山式的读书大不相同。散步式的读书只需遵循作者的引导去读便可，也没有必要加快速度，只需边走边看，遇到美景还可流连一番。

这种读书方式无须限定时间，利用空闲时间即可。这类书既非必不可少，也不必具备任何知识，甚至不必全神贯注。

实际上，很多人在读小说的时候，都是抱着这种散步的心态去读的。当然，这其中也有例外，有些文艺类书籍甚至比实用类书籍更具实用性。这类书从表面上看来应该将其归类于文艺类书籍，但起到的却是启蒙读者思想的作用。

比如《星之王子》就是其中最具代表性的作品。作为自我启蒙类书籍，这本书中蕴含着许多深刻的道理，让人沉浸其间，无法自拔。但这只是个极个别的例子，大多数文艺类书籍的价值在于其故事性和可读性。

我们在购买商务类、修养类以及非虚构类书籍时，总是带着明确的目的性。也正是因为如此，我们才把这类书籍的阅读归类为“登山”。

既然是“登山”，那么要想顺利登顶、顺利达成目标，掌握其中的方法就显得尤为重要了。这也是本书所要强调的要点。

有很多修养类书籍值得我们去读，比如历史及科学相关书籍。但有些书系统地读下来可能会花上我们几周的时间，即便如此，读书的效果却极有可能微乎其微。

这是因为我们用散步式读书法去读修养类书籍的缘故。抱着散步的心态去登山的话，登顶就会变得异常困难，而且还有可能出现迷路或是中途体力不支的情况。所以说读书要讲究方法。

古典类书籍也是如此。读现代人的著作，对我们了解当下都发生了什么事自然会有很大的帮助，但古人著作的价值亦不可小觑。

历史的意味深远悠长。法国是一个非常了不起的国家，但其活跃在历史舞台上的时间，不过是从拿破仑称霸欧洲以后的 200 年左右，而我钟爱的意大利却非如此。

古罗马拥有 2000 年的历史，留给世界无数的文化遗产，就好似是装满瑰宝的宝箱。

阅读古罗马书籍可以帮我们回溯过去 2000 年的历史，这期间残存下来的书籍，经历了人类社会数代人的严格筛选，成为今天的“古典”。

读这些书的时候，我仿佛得到了人类灵魂当中最美丽、最高尚的东西。这是多么奢侈的一件事啊！书籍跨越了时间的屏障，超越空间的阻隔，为人类留下了思想的结晶，这才是书籍的最大价值之所在。

有人觉得古典书籍晦涩难懂，但我觉得那只是因为他们没找到合适的阅读方法罢了。

带着与作者“合著”的想法去读书

登山式读书法是最好能够实现战略性阅读的方法。其中具体的做法我们会在后文中详述，但在此之前，我们首先要明确一个问题。

诚然，书籍让我们从作者那里学到很多有用的知识，是一种绝佳的媒体。既然是获取知识，那么学习是必不可少的，但被动学习却是不可取的。

那么，读书究竟能给我们带来什么好处呢？我认为首先就是视点的转换。在此之前，我们要做的就是以自己的视点为出发点进行观察，因为只有这样，才有可能完成视点的转换。

不仅仅是读书，我们在看电视、读报纸，或是浏览互联网时也应如此。保持对自己的绝对信任，永远不要让自己沦为配角，即便在与长辈、上司乃至名人交谈时也应抱着这种态度。

如此一来，我们在读书的时候，就会有两种思维并行：“作者是这样写的，但我自己的想法又是怎样的呢？”

若非如此，我们在读书时只能按照作者的思维进行单向思考，而留在我们脑海当中的，也只不过是些印象并不深刻的零散信息而已。当我们想把这本书介绍给他人时，我们所能做的，也只能是原封不动地照搬作者的观点。

为此，我们有必要在读书时做出取舍，在与作者进行“对话”的过程中发现新的问题，那感觉就好像是在与作者进行共同创作一样。

如果不能如此，自己的思维就会随着所读书籍内容的变化而不断变化。如此一来，读书就背离了转换视点的初衷，我们自身反而被书籍所左右，沦为了书籍的奴隶。这简直就是本末倒置。

我们读书的目的是充实自我，读书的过程中不要迷惘，更不要动摇。书，原本就是为我们的人生服务的道具罢了。作者就是我们的家庭教师，对于家庭教师所教授的内容，我们亦不应囫囵吞枣。

我发现在日本，有不少人喜欢刨根问底，寻求所谓的“正确答案”。究其原因，就是因为应试教育制度要求我们必须给出明确答案的缘故。考试时，能够得出正确答案就得分，得不出正确答案就失分，因此人们的潜意识当中就产生了一定要得出正确答案的想法。

美国的教育与日本的教育大相径庭。就像我们之前说的那样，社会上根本不存在普遍性的真理。由于观察的人不同，观察的角度不同，人们对社会上各种现象的认识也就不尽相同，因此有些事物对某些人来说是真理，但对于另外一些人来说却又并非是真理。人生既不是物理，也不是数学，人生的正确答案形形色色。

日本的教育几乎颠覆了这种观点。在日本的社会当中，除了既得权益者所规定的“正确答案”，其他观点几乎难以得到社会的认同。之所以会如此，大概是因为为了维护社会秩序，不得不对个人的自由加以限制的缘故。对于整个体制而言，这样做是最合适不过的了。

但对个人而言，生来就与“正确答案”为伴，学习的目的也只是为了得出正确答案，长此以往，他们的创造力将丧失殆尽。同时，多年以后，他们也将无力证明自己当初的选择和努力都是值得的。

他们在陈述自己的意见时所表现出的犹豫不决，其间接原因也都在于此。

等他们大学毕业，进入社会以后，不得不独自去面对自己的人生的时候，他们才意识到原来根本就没有什么所谓的“正确答案”。在现实当中，总是看似即将得出正解，但事实却无法尽如人意，每每如是。

终于，他们在不断寻找正确答案的过程中，发现自己已经渐渐丧失了思考能力、判断能力与执行能力。当然，其创造力自然也是丧失殆尽。虽说如此，我们能够意识到自己身上的问题，只此一点就是难能可贵的。

其实在我们的人生当中，幸福与不幸的素材都是相同的。生病究竟是一种幸福还是不幸，完全取决于当事人是何种态度。我们要面对的最大的问题就是我们自己。如果我们自己认为没有问题的话，那么问题便真地不复存在。这也就是说，幸福与否在很大程度上取决于我们如何看待发生在眼前的事情。最终，还是要我们自己给出答案。

阅读时万万不可将作者写下的东西当成“正确答案”。作者有写书的自由，而读者有自由阅读的权利。通过与作者思维的碰撞，我们要有意识地得出那只属于自己的、独一无二的答案。

由此，一部新的作品便就此诞生了。虽然从物理的角度来讲，这本书在外观上没有任何变化，但随着读者的视点发生变化，这本书也随之成为一部作者与读者共同完成的“合著”。读书就是要抱着这种态度去读。

具有战略性质的读书法——100 分钟读三遍

我的“登山式阅读法”可谓简单至极。那就是在短时间内读三遍，然后直接将笔记记在书上。我现在给自己限定的时间是原则上阅读一本书不超过 60 分钟，但这对于刚刚接触我的读书法的人来说未免有些困难，故此暂时将目标设定为 100 分钟即可。

要事先设定好每读一遍所花费的时间。一般情况下，一本 200 页左右的商务类书籍或实用类书籍，读三遍共花费 100 分钟的话，那么时间设定应为：第一遍花 10 分钟，第二遍花 50 分钟，第三遍花 40 分钟。

或许有很多人觉得，一本书的阅读时间仅为 100 分钟，而且还要读三遍，这是不是有些强人所难？之所以会产生这种想法，这是因为读书在他们看来只不过是“散步”罢了。但阅读商务类及实用类书籍时，却非用“登山式阅读”不可。

读书要做到提纲挈领。我们不可能将一本书的内容全都记住，关键是要切实掌握其中若干要点。

接下来就要发挥反复的威力了，因为反复可以增强人的记忆。于我而言，反复比集中精力的效果更佳。万万不可高估了集中精力的威力。对于我们不熟悉的事物，恐怕集中注意力也难以达到理想的效果。所以我们读书的时候要通过反复阅读来熟悉这本书，熟悉之后再集中精力，其效果与一开始就集中精力自然不可同日而语。

实际上，随着阅读次数的增加，我们对书的内容的理解也会不断加深，记住的内容也会更多。根据我个人的经验，如果一本书读上四遍的话，那么第四遍跟第三遍的效果也会相差无几。但第二遍较之第一遍、第三遍较之第二遍，其间的效果还是非常明显的。与人相处也是如此，如果跟同一个人打过三次交道的话，我们对这个人的秉性也就基本了解了。

如果一本书读上三遍仍然无法掌握其内容的话，那么即便读上五遍也是白搭，也还是无法掌握和理解其内容。我们之所以强调要读三遍是有目的的。每遍所需时间不同，其方法也不尽相同。具体方法我将会在第 3 章、第 4 章及第 5 章的开头详述，本章仅作简略解说。

第一遍我称其为“概括性”及“发现性”的阅读，耗时 10 分钟，其主要任务是把握书的大体结构，尤其是带有“登山”性质的书籍。此类书籍基本构架都比较清晰，清晰的构架通常会使书籍更易于理解。

首先，我们要对书籍的框架有一个大体的了解。同样一本书，我们对其大体框架有所了解，并大体上知道哪一部分都讲的什么内容，之后再进行精读，其效果肯定会比对基本构架毫不了解，被作者牵着鼻子走的效果要好得多，这一点我想诸位读者能想象得到吧?

与“散步类”书籍不同，“登山类”书籍都会有目录。这类书浏览过目录之后，再花上10分钟简单翻阅一下正文，就能了解全书梗概，对于作者笔墨的分配情况也有一个大体的了解。与其说第一遍是阅读，倒不如说只是通篇浏览了一遍罢了。通过浏览，我们大体上可以确定这本书究竟有哪些地方值得一读。

通过第一遍的略读，我们已经基本掌握了这本书的要点，第二遍我们要用荧光笔标记出要点，并且只读第一遍略读时发现的值得一读的部分，因为我们的时间并不充裕，只有短短的50分钟而已。

此刻我们绝不能使用“散步式阅读法”，而应该全神贯注，遇到值得注意的地方，就用黄色荧光笔标明。

读到第三遍时，我们也要在读第一遍时掌握的基本框架的基础上进行阅读。除此以外，我们还要继续留意第二遍阅读时划线和用黄色荧光笔标记的地方。第三遍遇到值得关注的地方，要用红色或粉色荧光笔标记，如有必要，也可边读边将自己的所感所想记在书上。

读完三遍以后，这本书的全貌就会呈现在我们脑海当中了。每读完一遍，对这本书的理解程度就会加深一层，这就是反复的效果。

自己中意的语句，可以直接摘抄在书页的空白处，也可以用卡片或笔记本摘抄下来。另外，针对书中内容的感想及意见也要写下来，如此一来，这本书就成了一本你与作者的“合著”。当然，我们也可以将作者所表述的内容换成另外一种说法写下来，甚至如果有什么疑问的话，还可以向作者“提问”。

较之花费较长时间阅读，短时间阅读的要点将会更加明晰，而且通过划线、做笔记等方法，也能加强对这本书的理解与记忆。

读书要带着“100分钟读三遍”的意识去读，这样我们才会有所斩获。阅读“登山类书籍”时，这种战略性的意识不可或缺。

“读书时进度缓慢”“阅读的意欲很强，可就是读不下去”“好不容易读完一本书，却什么都没记住，真是白费力气”对于读书时遇到以上难题的人来说，“100分钟读三遍”不失为一种有效的读书方法。

“跳跃式阅读”能带来巨大阅读量

或许很多人都有过这样的经历：一本书按部就班地通读一遍以后，才想起针对其重点做笔记，却因为记忆的模糊而无从下手。针对这一问题，我在上课时告诉自己的学生，一本书要总结出三个要点，结果他们都无一例外地做到了这一点。

如果只是单纯地要求他们把重要的部分记下来的话，恐怕有人会不知该如何是好。但要是告诉他们总结出三个要点的话，他们就会有了目标，思维也就会朝着“三”的方向努力。如果是带着这样的意识去阅读的话，那么我们阅读的效果自然会大幅提升。

如果是英语论文的话，我每天可以看 1000 页，这是由于英语的语法结构极为简单，英语论文的结论也相对比较明确，比较容易掌握其概要的缘故。具体方法我们将会在后文中详述。

日语论文不同于英语论文，即便是看上 300 页，我也需要花费大量的时间。这是由日语文章的行文结构所决定的。正因如此，我才强调要进行战略性的阅读，如此一来，无须花费海量的时间，便也能总结出其重点之所在了。

在阅读过程中，如果我们能够有意识地去发现要点，并对此进行有针对性的训练的话，必定会成效显著。从此以后，我们阅读时只读要点便可。

我之所以要强调“100分钟读三遍”，也是出于这方面的原因。只要我们下定决心要在短时间内读完一本书，并且还要掌握其中要点，那么我们便能做到。既然短时间内既能掌握书中要点，又可以通过反复阅读加深对其内容的理解，那么我们的阅读量也就有了保障。

日本人个性踏实认真，做事跳过某一过程或环节，通常会让他们产生罪恶感。因此读书时他们也绝不肯跳过其中任何一页。

总有人觉得读书就要一页不落地看完才是正途。但事实果真如此吗？就像我们之前说过的那样，我们不可能将看过的内容一字不落全都记住。既然如此，为何还要如此执着呢？

我认为，人们之所以抓不住重点，恰恰是因为这种看书时要一字不落的想法在作怪。尤其是商务类书籍等“登山类书籍”更是如此。“跳跃式阅读”换来的将是我们引以为傲的巨大阅读量。

为了切实掌握书中要点，我们不得不摒弃自己那些多余的思绪。我们可以大胆地认为书中内容80%都是多余的，而涉及核心内容的部分，也仅为20%左右。

事实上，几乎所有书籍的内容都可以浓缩成10页左右，但也有例外的情况。但区区10页的内容绝对无法成书，故此作者会在此基础上适度拓展，这部分内容我们根本没有必要去仔细研读。

我们在阅读时要做好过滤掉80%内容的心理准备，在此基础上读三遍，就能领会这本书的真谛，并将其内容印在脑海当中。

或许有人觉得这有些不可思议，但若非如此的话，我们阅读的进度将会非常缓慢，我们的阅读量也就无从增长了。因此我们要相信自己一定能做到，相信自己的大脑已经将看过的内容充分消化理解。有时候我们的大脑会下意识地处理一些信息，而并不需要有意为之。万万不可小瞧直觉的力量。

第一遍即便无法充分领会书中含义，也要争取在10分钟之内读完。“100分钟读三遍”读书法对于把握书的要点十分有效。如果能够付诸实施的话，我们的读书质量将会大为改观。

但这种读书方法并非适用于所有书籍，比如说文艺类书籍就适合用“散步式读书法”进行阅读，这是一种适合细细品味的读书法。

另外，“登山类书籍”又分为“立竿见影型”和“日积月累型”。前者包括商务类书籍，后者包括修养类书籍以及古典类书籍等。从短期来说，前者于自身成长而言见效较快，但就长期而言，显然是后者更具“增肌”功效，能让自己的心灵更加充实和强大。只有这样，我们的人生才会意气风发，才不会在人生的十字路口犹豫不前。

修养类与古典类图书就像是装点我们心灵的道具。因为这些书籍中记述的都是关于事物本质的内容。事物的本质是不会随着时代和地点的变化而改变的，属于普遍性真理。

虽然严格来说普遍性真理并不存在，但修养类及古典类书籍的内容是最接近普遍性真理的。正是有了修养类及古典类书籍的滋润，我们的心灵才会变得充盈而强大，在阅读“立竿见影型”书籍时，也才会有足够的理论基础。

若非如此，我们在阅读商务类书籍时，就只能跟着作者的思路左突右冲，一筹莫展，最终只能沦为各种技巧与具体做法的“奴隶”。

故此，我们读书时应注意兼顾这两种书籍，如果一味专注于修养类及古典类书籍，必将会与我们所处的时代脱节。只有将二者有效结合，才能够均衡地增强自身实力，不负当下，不负未来。

其实很多“日积月累型”书籍是很值得花上一番功夫去读的。只要觉得有必要，我们就可以随时将自己的读书模式切换至“细细品味”模式。当然，这一切都要因“书”而异。如果做到了这一点的话，我们的时间运用也将变得更有效率。

用速读来把握书的核心

我们在阅读商务类及实用类书籍时，有一点一定要注意。阅读此类书籍的过程就好像是在采掘金矿，表面上看起来矿坑里好像全都是金子，可事实却并非如此。

即便发现了金矿，开采出来的金子其实只是很少一部分，余下的都是泥土沙砾。商务类书籍的阅读就是如此，一本 250 页的书籍，其中的含金量简直是微乎其微。

故此，我们在阅读商务类书籍时，就要像开采金矿那样，从大量的泥土沙砾中不断发掘，才能得到金光闪烁的金子。

只有有意识地掘金弃土，大胆跳过和舍弃商务类书籍中无用的部分，才能做到取其精华、去其糟粕。

即便我们明知金矿中有金子，毫无章法地乱挖也不会有任何收获。首先我们要坚定信念，相信金子就在那里，经过一番挖掘，纯金必定会出现在我们眼前。

事物的本质通常都是非常单纯的，这是我一贯的主张。即便有些事物看起来十分复杂，但其本质多是极为单纯的。我们不要被纷繁复杂的表象所迷惑，要直击事物的本质。

一个人如果能够将一本书的内容凝练成一行的话，那么我们就认为这个人具备看透事物本质的能力。多数人都不具备这种能力，因为事物的本质往往被纷繁复杂的表象所掩盖。我们在读书时不要为表象所迷惑，只有抛弃纷繁复杂的表象，才能发现事物的本质。这像极了从金矿中采掘金子的过程。“100 分钟读三遍”读书法的目的就在于训练人们看透事物本质的能力，这种能力对于我们而言是不可或缺的。

商务类书籍的编辑们特意使用黑体字或用划线的方法，提醒读者们注意书籍的核心内容。首先我们可以利用这些便利条件进行自我训练。

我们在阅读时，可以一边想象自己在掘金，一边留意哪些内容属于核心内容。下面我们来看一个关于卢浮宫美术馆的例子。我们去巴黎旅游，卢浮宫美术馆是必去的地方，这里的展品多达 40 余万件。

即便只是常规展品，也有 35000 件，要逐一欣赏的话，恐怕要花上好几天的时间。因为在巴黎滞留的时间有限，所以我们只能选择其中最具观赏价值的展品进行观览。

除了事先计划好要去观赏的《蒙娜丽莎的微笑》等若干件展

品以外，剩下的时间可以随机参观，如果机缘巧合，能够看到几件有价值的展品，那是最理想不过的了。

看书也是同样的道理，同样要有目的地去看。我们在浏览第一遍时，对书的结构的理解过程就是确定目标的过程。如果没有这一过程的话，我们的目光将会只停留在那些纷繁复杂的表象上面。

其实作者在写书的时候，总会事先将自己要表达的观点总结成几个要点，而不可能整本书的内容全部都是精华。无法将自己要表达的东西归纳为若干要点的作者，他的书或许根本就没有什么内涵而言。

一本书当中，倾注了作者毕生心血的内容，充其量也仅有区区的一行文字而已。而在一本书当中，作者真正想要表达的内容，也只有这一行文字罢了。

只有善于把握事物本质的人才能看透这一切。他们早已看破事物的本质是单纯的，故此也早已习得看破事物本质的本领在身。而我擅长的则是运用速读来把握书籍的核心思想。一定要掌握速读的能力与技巧。

万万不可忽视掌握事物本质和核心的意欲，以及从现象当中发现事物本质的强烈的欲望，这些都是极为重要的。

把阅读升华到另一境界

我们一边阅读，一边探索书的本质性、核心性内容。我们阅读的线索不应仅限于一条，而应该俯瞰全局，全面展开。展开书卷，我们就要有意识地去发掘哪部分内容值得一读，而并非立即通读全书。一本书当中必然会有略过或是跳过的内容，这是我们阅读时的默认选项。在浏览的过程中，但凡能够引起自己注意的地方皆可视其为要点，再次阅读时可针对要点前后的内容进行详细解读。

我之所以会极力推荐这种阅读方法，完全是由于我在美国留学时的经历。当时的课题要求我们翻阅大量的论文资料，如果一一详读的话，时间肯定来不及。当时所需翻阅资料的量就是如此庞大。

当时我意识到，如果阅读时只抓要点的话，效率将会大幅提升。因为论文的构造都是大同小异，很容易就可以掌握其要点。

由于当时有海量的论文需要阅读，所以在阅读论文的同时，还要注意不能过度消耗自己的记忆力与分析能力。

在有限的时间内，当时我能做的也只有通过反复阅读来提升对论文的理解程度，并针对其内容写下自己的观点与体会。

我不是将所有的时间都花费在理解其内容上，而是告诉自己，一定要在理解的基础上能够说出自己的观点，我的课题要求我一定要做到这一点。

细细想来，作为一名学者，我在自己的论文中最想表达的内容，也不过区区 10 行而已。论文就是在此基础上，按照一定的格式和流程撰写而成的。

首先要总结出概要，读了概要以后，就能了解论文的大体内容。至于这部分内容正确与否、是否有相关研究已经证明这些观点，作者则会针对这些内容进行进一步的论述。

论文的结构与商务类书籍极其相似。就像我们之前说过的那样，其中 80% 的内容都是作者用以验证其结论的部分，这部分内容可以略过不读，也完全没有必要读。结构和论文几近相同的商务类书籍，其结论也完全可以归纳成 10 行左右。

我上述言论绝不是在有意谴责作者，商务类书籍本就该如此。人类所能表述的信息量并非十分庞大。书籍出版之际，一般都会事先召开企划会议。一本书能否顺利立项，在很大程度上取决于这本书的企划书，而在书籍企划书当中，绝不会规定一本书的具体页数。

即便如此，一本书要想顺利出版，其页数一般要超过 200 页才行，只有 10 行文字是无法成书的。

因此，读者要是每本书都逐字逐句仔细品读的话，就难免会浪费大量的时间。

海外的学者们早已经习惯了“跳跃式阅读”。因为他们需要读的东西的量远超常人，其阅读清单所列举资料的数量也十分惊人。

在美国及其他国家有过工作及学习经验的人都通晓这种阅读法。在经营者当中，使用这种阅读法的人也不在少数，因为这种阅读法使他们得以有机会阅读海量书籍。

但在日本，即便是学者也没有人使用上述阅读法，所以他们的阅读列表中的书目并不是很多。在美国，每次上课时阅读 3 篇体量为 150 页的论文也不足为奇。至于怎么读，那就全靠自己的本事了。

至于其中原因，上文中我们已经有所阐述，由于日语语言结构方面的原因，读日语文章时的进度不会像读英语文章那样快。为了加快阅读的速度，我们有必要进行一定的训练。

我们的头脑中要有这样一个念头，就是要将一本 250 页书籍的内容全部归纳整理到一张白纸上。接下来，我们就要一边读，一边确认哪些内容需要保留，直至将所有内容都归纳总结成一行。

有时候，作者也未必能够明晰有效地表述自己的意图，这一点我们在阅读时一定要倍加注意。作者言之不清、言之不尽以及表达暧昧之处，我们也要在阅读过程中捋顺逻辑，使其在我们的头脑当中结构化、条理化。

这种做法已经将阅读升华到了另一个境界，而我们手头的这本书，也将随之升华。

阅读时，要有跳过和舍弃的勇气

去美国留学之前，我在日本留学，在此期间我已经开始着手研究阅读方法了，其间有许多不为人知的苦衷。

我在韩国出生，之所以会到日本留学，是因为当时韩国的经济跟日本相比，有二三十年的差距，我认为在日本学习经济学之后，便可掌握韩国未来的经济动向。我觉得自己就好像是明治维新时期的福泽谕吉，所不同的是他向往的是西方文明，而我的目标则是日本。

我来到日本之后，要学习的不仅仅只有经济，而是要涉足日本的社会、文化及政治等各个领域。到日本以后我才知道，原来在宏观经济学、微观经济学及国际经济学等领域，已经有很多先行者在进行相关研究。

身为一名学者，我才刚刚入道，而且在我之前尚有许多资深学者，让我熬资历，通过论资排辈的方法上位，这绝不是我想要的进取之道。

那么，想要在短时间内出类拔萃，该怎么做才好呢？我首先想到的就是要找到一个合适的论文题目，而这个题目又要在导师能够指导的范畴之内。

实际上，即使在理论方面早有定论，但当该理论应用于某一特定领域时，我们对这一领域的知识也应有所了解。即便我们对理论的理解程度已经达到能够拿诺贝尔奖项的程度，实际应用领域的事情也仍然不可不知。

如果我对应用方面的常识有所了解，那么徒有理论的老师就可以从我这里了解应用方面的常识了。如果我们能够实现互补的话，这绝对是一件好事。若想如此，我必须想办法获取大量关于应用方面的信息。

我是 1993 年来日本留学的。那年正好赶上时任美国总统克林顿及副总统戈尔发布了“信息高速路计划”。NTT（日本电信电话株式会社）也推出了 ISDN（综合业务数字网）服务，媒体也大肆宣传多媒体时代已经到来。

我当时认为，只要将日本所有关于多媒体的信息，包括报纸、杂志以及书籍等方面内容一一读遍的话，就肯定会对导师的研究有所帮助。

研究哲学的学者要到了白发苍苍的年纪才会有所成就。年轻的哲学家极为罕见。为什么会这样呢？因为哲学根本就没有“标准答案”。但有些人却能13岁就成为举世无双的数学大家。这是因为在数学当中，答案是唯一的。

如果专攻经济的话，虽说无法取得第一的头衔，但如果研究的课题属于最新领域的话，就有可能取得比从事30年经济学研究的学者更加辉煌的成就。如果缺了信息这一要素的话，我将会一事无成。

此刻的我已经有了新的素材。

我下定决心专攻多媒体，于是就开始通过信息通信技术、广播电视媒体、多媒体、出版及广告等手段收集相关信息。信息量是决定成败的关键。我在大量阅读的过程中找到了自己的课题。这种速读技能对我们而言极为必要。

我开始在网上搜索以往刊登在报纸和杂志上的相关信息。我知道，如果感兴趣的话，阅读速度自然会很快，而且只是针对某一特定领域，阅读效率当然还会更高。

最开始我连基本的专业术语都不熟悉，但随着阅读的深入，专业术语也就渐渐熟悉起来。此时我就认识到了跳跃式阅读具有非凡的意义。虽然初次尝试使用这种阅读法时，我根本没能理解第一本书的含义，但随着阅读的深入，读到第二本、第三本书时，我竟逐渐明白了书中的含义。有一句俗语叫“书读百遍，其义自现”，而于我而言，却是“书读万卷，其义自现”。

我总是感觉逐字逐句阅读的效率实在太低。跳跃式阅读则不然，读到最后，我也总能读懂书中的含义。到后来我终于明白，要坚信读到最后一定会洞悉书中的含义，这种坚定的信念在跳跃式阅读的过程中意义重大。

在日本，很多人读书时不弄明白心里就不痛快，也绝不肯跳过弄不明白的地方。但我奉劝各位，一定要有跳过和舍弃的勇气，因为有时候不作取舍的话，根本就无法洞悉该书的真正含义。

如果读一本书花了两周的时间，那么我们在叙述这本书的内容时，极有可能连一句也说不上来。与其如此，倒不如花上100分钟读一本书，这样反而会让我们对这本书的内容终生难忘。如果我们能以专业的眼光和态度去阅读一本书的话，就一定能够找到这种感觉。

带着明确的目的去阅读

我们的大脑经常处于节能状态，用脑科学的术语来表述就是RAS（Reticular Activating System）。我们走路时，如果把看到的一切都以高解析度传输给大脑的话，大脑就极有可能因为无法处理而宕机。如果把看到的一切信息都交由大脑处理的话，我们的大脑将会不堪重负。

因此，我们的大脑就会开启节能模式，比如走路时我们会对一些事物视而不见，也无需思考，只需让本能发挥作用即可。

但如果我们行动是带着某种目的的话，那就要另当别论了。比如说有时我们的目光会飘向路边的野花，如果只是无意识地行走的话，我们是不会看到的。只有我们带着目的去看它的时候，才会发现它的存在。

目的不明确的话，就无从发现事物的本质，只有时间在徒然流逝。要带着明确的目的去看待事物，才会明了它的本质。

只有带着“这本书对我的人生大有益处”“这本书对解决问题有相当大的帮助”的意识去阅读，我们才会变得异常敏锐。雄鹰即便是漫无目的地在空中翱翔，也能发现我们无法发现的猎物。因为找不到食物的话，它的幼崽就要挨饿，所以它才能够发现地面上那小得几乎看不见的兔子。而人类则不同，只有确定目标以后，才会为之努力，这也是人类所特有的。

在美国的军校里，教官会让刚入学的学员背上 30 公斤重的装备，令其行军。虽然发出了行军指令，但却没有交代行军距离，也没有说到底要进行多少天的行军。结果两三天下来，学员们就都走不动了。

美国军校这样做的目的，就是为了让学员们了解事先知晓目的的重要性。如果既没有目标，也没有目的地，甚至连具体走多远都是未知的话，人的积极性终究会消磨殆尽。

这就好像是让我们走在一条永远没有归途的、无尽的长街上一样。不知道距离目的地究竟有多远时，这对我们的精神是一种极大的考验，因为我们不知道究竟还要奋斗多久。

但如果是我们去过的地方，情况就会大不一样了。

至此，反复阅读的意义已然明了。如果一本书从头到尾读过一遍的话，我们就能掌握其大体情况，各章节该花费多少时间，也应了然于胸了。

即便只是粗略翻看一遍，只要是有意识地去抓重点，那么我们的大脑就能帮我们完成这项工作。至于剩下的时间应该如何分配，在我们的头脑当中自然也已经有了分晓。

接着，我们就会对这本书产生诸如“这三章对我来说很重要”“这五章我感触颇深”之类大体的印象。在掌握具体情况之前，如果细致入微地阅读的话，恐怕会花费不少时间。

人生是短暂的，雄鹰的飞行距离和捕猎能力也是有限的。所以我们在阅读时首先要锁定最值得捕杀的“猎物”，阅读第二遍时再返回此处，适当精读即可。

因此我们在阅读时一定要明确自己的目的。无的放矢的阅读就好似漫无目的的散步一样，极有可能演变成一场不着边际的流浪或是漂泊。

最初的目标中途可以变更，但首先一定要确定一个明确的目标。只要有了明确的目标，100 分钟读完一本书绝对没有问题。但要是没有一个明确的目标的话，即便 100 分钟能够读完一本书，也没有丝毫意义。

当人们读完一本书之后，你问他们书上写的什么，往往会有很多人回答不上来，因为他们根本没能掌握整本书的结构。“100 分钟读三遍”阅读法需要跳过无用的内容。只有把握整本书的结构，才能在跳过无用的内容的情况下记住并复述其有用的部分。

若非如此，我们能够道出的，恐怕也只是书中的细枝末节罢了。读书要从是否具备战略性、主体性、效率、效果、实践性、创造性等多方面考量。只要我们有意识地进行“高质量阅读”，其成果自然会显现出来。

一本书读过之后感觉有所收获，感觉自己看问题的视点发生了变化，就说明我们的阅读达到了目的。重要的不是阅读本身，而是要掌握对我们的人生不无裨益的阅读方法。

我希望大家都能够思考一下对我们自身而言，什么才是“优质阅读”。“优质阅读”就是指花费最少的时间，能够应用于实践，能够锻炼自己的思维能力，并且具有创造性的阅读。

第 2 章

阅读是一种投资

CHAPTER TWO

●名人读书方法的与众不同之处，那就是他们的读书极具实践性。不要让自己沦为配角，读书更不要泛泛而读。

●修养类、哲学类及古典类书籍荒疏不得，因为这些书籍可以让你达到仅凭一己之力绝难企及的境界。

●读书的妙处就在于能够将学到手的知识转化成为思考的素材。

●无论是在家里，还是在地铁上，每天一刻不停地摆弄着智能手机，虚度时光，这或许是最危险的事了。

读书的真谛——提升自身综合实力

我们的思维能力、写作能力、决策能力以及行动能力都会因阅读而得到提升。在读书的过程中，培养的不单单是阅读能力，思考能力及写作能力也会因此而得到锻炼。我认为这才是真正意义上的读书。

读书的时间也是我们自我充实的时间，对于已经步入社会的人来说，它极为珍贵。

如果认为读书的作用只不过是获取知识而已的话，我们的思维就会被禁锢其间，从而无法意识到读书的其他更为重要的作用。

如果只是单纯地获取知识的话，其实很多其他的媒体也具有相同的功能。也正是因为如此，让很多人觉得读书简直就是在浪费时间。其实读书是我们提升自身综合实力不可或缺的行为。这才是读书的真意之所在。

如果运用得当的话，书籍有助于增强我们自身实力，也是一条让我们能够出人头地的最为可靠的捷径。

不要低估书籍的作用，要对其妥善运用。读书绝不是消磨时光，恰恰相反，要把读书当成正事。有了这种意识，我们才会将读书摆在重要的位置，才肯在读书上面花费较多的时间和精力。若非如此的话，读书恐怕只会沦为我们茶余饭后的休闲罢了。

众所周知，名人大多喜欢读书，也很会读书。每每谈及名人，人们总是会想，他们的读书方法究竟有何与众不同之处呢？

其实他们在研究读书方法之前，会对各类书籍的具体作用有一个明确的认识。这样一来，读书时的先后顺序他们就了然于胸了。

至于名人读书方法的与众不同之处，那就是他们的读书极具实践性。不要让自己沦为配角，读书更不要泛泛而读。如果能把书籍当成自己人生中养分的话，读书时的紧张程度和注意力集中程度就会大不相同。

我们面前的人是否经常读书，其实一望便知。不经常读书的人表现肤浅，思维能力欠佳，给人的印象通常都不会太好，我很为他们感到惋惜。

读书时不是泛泛而读，而能够实现让作者跟自己进行“对话”的话，那么这本书就会成为你终身的良师益友。把读书当成自己人生大事的人皆会如此。

有些媒体只能让人被动地接收信息，比如说电视和互联网就都精于此道。人们在看电视或浏览互联网时大可不必过于神经紧张，而读书时则不行。读书是一种非常耗费精力的活动，也正因为如此，读书的同时我们的精神也得到了相应的锻炼。读书就好似负重前行，正是因为有付出，所以才会有收获。

对话式的阅读可以锻炼人的思维能力。即便拥有再多的知识和信息，如果思维能力欠缺的话，也无法将其应用于实践。如果只是空有大量信息的话，那么人将会变得与人工智能无异。

在我们将来的人生当中，没有什么比思维能力更加重要了。阅读正是培养思维能力的最佳手段。重视阅读，将会让我们在今后的竞争中处于优势地位，因为我们的思维能力在阅读的过程中就已经得到了充分的锻炼。

我上学的时候，生活费的一半都被我用来买书了。没有什么投资比购买书籍更划得来。比如说每个月购书花费 5 万日元，3 个月的支出就是 15 万日元，而回报则是 90 册书籍。如此高额的投资，是损失还是有所收益，完全取决于你是否充分汲取了这些书中的养分。

没有什么事比把钱花在买书上能获得更大的回报了。如果看到自己的孩子每天读书的话，家长一定会欣喜不已。没有什么事比这更加令人感到欣慰了，而这样的孩子，其将来的成功也将是必然的。

对于我而言，所有的书籍都好像是写给我的信件，而那些信件，一直都静静地躺在那里等我去翻阅，但选择哪封信来读却是我的自由。人类历史上的所有作者，阅读他们的著作，就好像是阅读写给我的信件。他们的著作都是写给我的信件，这是何等奢侈的一件事啊！

读书会让人精神饱满

父亲在我 1 岁时就已经去世了，所以我并不记得跟父亲有过什么交流，我也没有和父亲的合影。但是，关于父亲的事情我还是了解一些的。

父亲是小学教员。他去世以后，留下的就只有一些债务和一些书籍。

后来又发生了很多事，我上小学 5 年级的时候，家里就只剩下我一个人了。我一个人在家唯一能做的事就是读书。

翻开父亲留下的书籍时我才发现，原来他依然活在这些书里。这些书中有父亲阅读时划的线，有他写下的文字。这些就是父亲留给我唯一的遗产，也是我们父子之间唯一的纽带。

父亲留下的书，我几乎每天都会读上一读。通过书上的划线和笔记，我得以和父亲进行交流。对于孤身一人的我而言，这就是我的整个家庭。所以较之其他人，书对我来说有着非比寻常的意义。

整个少年时代，书籍成了能够慰藉我那孤独灵魂的挚友。书中所写的内容对我的人生产生了直接的影响，其实与其说我是在读书，那感觉更像是我在与书的作者进行直接交流。

不知不觉间，书籍的那份凝重已经深深地植入了我的骨髓当中。于我而言，书籍的意义非比寻常，绝非是闲来无事时消磨时光的道具。

我从中悟出了一个道理，一个人要是一无所有，而且还要生存下去的话，就一定要具备一定的能力。每个人的境遇各不相同，具体情况自然也就各不相同。而我则强烈地感觉到，要想生存下去，就要对自己的头脑善加运用。对我来说，这也是唯一的途径。

只有锻炼自己的头脑，借以获取更多的知识，我才能够生存下去。我生存下去的唯一手段就是知识和智慧，而要想获取知识和智慧，最为直接、最为廉价的手段就只有读书。

书籍引导我奔向未来。于我而言，书是信使、是媒体，也是道标。

父亲给我留下了很多本书，其中有世界文学全集，还有很多美术方面的著作。可我当时只不过是一个小学生，根本不可能完全读懂书里说的究竟是什么。我只不过是时常将它们拿出来摆弄翻看罢了。我最初和书打交道，不过是如此而已。就这样，我跟书结下了不解之缘。

有时我想，如果我儿时经常跟金钱打交道的话，我肯定会对金钱产生特殊的感情。同样，我的身边全都是书籍，随时都能取出来翻看，而且每次翻看，都好像能与父亲见面一样。如此一来，我自然会对书产生特殊的感情。

也正是因为如此，我对书也特别有感情。翻开一本书，凭直觉我就知道该读哪里，这种直觉应该就是那时候培养出来的。功夫不负有心人，我在读书上花费的大量时间没有白费。

父亲留下的书都很难懂。虽然我读懂了其中一部分，但同时我又深感自己的理解能力不足。以我当时的思维能力去读那些书，的确是有些勉为其难。

父亲购买这些书籍一定有他的目的。当时我就想，虽然以我现在的能力没法读懂这些书，但一旦有一天我能读懂它们的话，不也正是我思维能力得到提升的证明吗？因此，对于自己读不懂和无法理解书中内容的情况，我丝毫没有挫折感，心里也没有一点压力，我一心想的就是，总有一天我会读懂它们的。

我一心只想埋头苦读。夜不能寐之时没有亲人给我安慰，我只能取出书来翻阅，书籍就是我的催眠曲。自此以后，书和文字便与我结下了不解之缘。无论走到哪里，即便是去厕所，我也会抽空看上几行文字。

是父亲留下的书籍，让我望见了他的背影。

成年以后学习外语的优势

我来日本留学的原因前文中已经说过，这里我们就不再赘述了。为此，我很早就开始着手准备学习日语了。在学习日语的过程中，我又增长了不少见识。

我在韩国学习日语的途径主要有两条。其中之一就是每天清晨跟着一位年迈的老师读《朝日新闻》的社论。这位老师虽说年事已高，但还是坚持每天将《朝日新闻》的社论栏复印下来，发给我们，供我们学习。

读完社论以后，我们就会针对今天社论的主题是什么，文章中都使用了哪些汉字等内容进行讨论。除此以外，我们还通过背字典、强记汉字等方法学习日语。

当然，学习日语的过程并非是轻而易举，《朝日新闻》的社论还是颇有些难度的。一般情况下，每篇社论当中会出现大约 50 个新汉字，我们将这些生字做成单词卡片，以便记忆。于我而言，遇到新的单词其实是一件非常值得期待的事情。

有时候遇到新单词，我会先试着根据上下文来理解它的含义。就这样，在学习日语的过程中，我不仅背会了很多单词，甚至就连文章都一起背了下来。

现在回想起来，以往的学习经历的确是有些幼稚，但有一点不可否认，当初的学习方法还是颇具成效的。我属于那种一旦学习起来，注意力就会高度集中的类型。在学习日语半年左右的时间里，我每天都是从早一直学到晚。

日语电视剧也是我学习日语的教科书。比如《第101次求婚》和《东京爱情故事》我就看了不下数遍。

听音乐也有助于学习。每周二夜里11：00时，电视里就会播放名为《COUNT DOWN TV》的音乐节目，我用录音机将节目录下来，然后反复收听。音乐的好处就在于能够帮人更好地记忆语言。

如果只是默记歌词的话，会有很大的难度，但配上音乐的话情况就会大不相同了。这是因为节奏能够帮助人们记忆。尤其在学习外语的时候，音乐的效果尤为显著。音乐的好处就在于不必刻意去学，轻轻松松就能收到满意的效果。

据将棋棋士羽生善治所言，无论是职业棋手，还是业余棋手，自己只要看过他们的比赛，就能百分之百复盘。

可小孩子的棋局他却无法复盘。这是因为孩子们的棋局毫无定式可言的缘故。我觉得这跟通过音乐学习语言的情况有点像。音乐的旋律和节奏都是有规律的，所以容易记忆，相反，如果是杂乱无章的话，则难以记忆。

我觉得职业将棋选手们之所以能够靠记忆复盘，就是因为他们掌握了其中节奏的缘故。一切有规律、有节奏的事物都比较容易记忆，相反，毫无规律可言的事物则难以记忆。

我学了半年日语以后，就通过了日语能力一级考试。在韩国，有去日本留学意愿的学生们大都会上语言学校，而我的经济条件却不允许我上语言学校，而且我的时间也并不充裕，所以我告诉自己，一定要在半年内通过日语一级考试。

我不会徒然在日语一级上面花上几年的时间，而是给自己规定期限，只在半年的时间内考过日语一级。既然一切都已经计划好了，那就只剩下放手一搏了。

其后，我作为公费留学生来到日本留学，我的日语也日渐精通起来。这时我悟出了一个道理。

在我们的心智尚未完全成熟之前，我们已经学会了母语，故此母语并不受我们的理性所支配。我们孩提时期学会的语言或许并不纯正，有时甚至根本无法准确表述自己的想法。

但我们的外语却是进了高中或是大学以后，即成年以后才开始学的，从某种程度上而言，外语是在我们的心智成熟以后才开始学习的语言，所以也能够以较为理性的思维对其进行运用。

使用外语时，即便知道的单词数量不多，为了保证语法的正确，我们也会有意识地对单词进行排序。

从这个意义上来讲，较之母语，外语的运用可以说更具战略性，更能为我所用。所以当时我就决心一定要把日语学得出神入化，如此一来，我的语言一定会更加凝练简洁。

较之母语的学习，外语是在成年以后开始学习的，所以也能够以较为理性的思维去操控运用它，其读书的效果也会更胜一筹。

“岩波文库”带给我的阅读方便

曾经有人问我这样的问题，我作为一个外国人，是如何运用日语写文章，如何将复杂的内容表述自如的。其实这个问题很容易回答，之所以会如此，只不过是因为我在学习日语时的目的明确罢了。

我在韩国进行一定程度的日语学习以后就来到了日本。来到日本以后，我决定将自己的日语水平提升到一个新的高度。这就是成年以后再学习外语的好处，我们可以自由选择修习哪一门外语。

书籍是作者的思想和思维的最终表现形式。前面我们已经说过，在无数大脑神经元的作用下，人才会产生思维。读书就好像是对作者思维过程的复制。

优秀的语言表述往往能够引导读者构建优良的思维框架。在不同的思维框架之间不断切换的过程中，新的思维就应运而生了。

我学习现代日语中优秀的表达方式，也学习古日语，并从中发现了日语之美。很多日语质朴而发人深思，这些恰恰也是最值得我学习的部分。

我非常幸运，来到日本之后，很快就发现了一个学习日语的好范本，那就是岩波文库。

我在一本岩波文库的图书的卷末，读到过一篇题为《寄读者——写于岩波文库发刊之际》的文章，其中记述了为何会在1927年创建岩波文库。我读过这篇文章之后感触颇深。

在此之前，单行本图书给我的印象一直是便于携带，但文字较小。但岩波文库的目的却有所不同，他们发行的图书涵盖了当时几乎所有的修养类以及关于启蒙主义思想的图书，他们的目的就是向普通民众普及知识。

当时启蒙主义思想已经盛行于世。我觉得岩波文库有点像文艺复兴时期的“百科全书派”。他们的目的都是想让民众了解民主主义思想，并试图借此让民众获取真正的自由。除此以外，他们这样做还有利于对权力进行更好的监督。岩波文库的创建者与百科全书派人物一样，他们的理想都是为了实现上述目的。

权力的产生源自信息的非对称性。印刷术普及之前，只有教会的牧师才有资格读《圣经》，因此他们无论是信口胡言还是为所欲为，权力也依然会牢牢地掌握在他们手中。但随着印刷术的普及，每个人都有机会读书以后，这种情况才终于有所改观。

我认为，只有打破信息被少数人所垄断的局面，民众才有可能获得真正的自由。打破特权阶层对信息的垄断，这也是民主主义不可或缺的要素。我刚接触到岩波文库时，一本书的卷尾赫然如此写道。

之所以会选择岩波文库，是因为我来到日本之后，就向很多人打听哪家出版社的口碑比较好，问了一圈以后，大家都向我推荐岩波书店，说这家出版社很特别。更有很多身为书籍作者的人认为，自己的书被纳入岩波文库具有非比寻常的意义。

原来岩波书店在读者和作者中间竟有如此的威望！我不禁为之感慨不已。

看过岩波文库的图书目录之后，我发现我想读的古典几乎全在其中，很多西方的理论、文学及哲学名著都被翻译成日语，收入了岩波文库，而且其译者都是满腹经纶的大学问家。

至于日本的古典书籍，那当然是非岩波文库莫属了。能够直接感受到原汁原味的古典的魅力，那感觉简直是妙不可言。

岩波文库的书籍，既包罗了古今内外最伟大人物的作品，又是大学问家翻译的，更能让人从中学到优美的日语，简直是一举多得。

我通过模仿出现在岩波文库当中的日语进行学习，并试图复制书中的思维模式。我不断从岩波文库中汲取着养分，孜孜不倦，最后终于能够将日语运用自如。

学日语就跟玩乐高一样。虽然当时我的词汇量只有3000左右，但我却能够通过自由组合而将其功效发挥得淋漓尽致。不仅如此，我的语言运用技巧还是从语言大家那里学来的，3000个词汇应该勉强够用了。

其实即便记住3万个单词，如果不能灵活运用的话也是枉然。学日语又好像是在烹饪。纵然你有万种食材，如果不勤加修炼烹饪技艺的话，所烹饪的菜肴也定然赶不上拥有3000乃至1000种食材的厨师美味。记住是一码事，能够活用又是另外一码事。能够灵活运用的话，比起死记硬背来显然更胜一筹。

说得更加形象一点，就好比一个孩子从小就看家里大人怎么做饭，学习怎么做饭，到头来，他的厨艺水平肯定赶不上一位20岁才开始进入三星大厨学习班学习的厨师。我不会烹饪其他任何菜肴，但对于日语，我却要精烹细调。

三岛由纪夫带给我的思索

来日本留学之后不久，我就开始阅读岩波文库的书籍，开始是以古典、哲学及国内外修养类书籍为主。我开始阅读海量相关书籍杂志，立志成为一名研究多媒体的学者，那是我到日本第二年的事了。

前面我们已经说过，我几乎不读文艺类书籍，尤其是小说，但较具代表性的日本作家的作品还是要读一读的。出于这样的想法，我邂逅了三岛由纪夫。他将自己的思维和感觉转化成为语言的能力可谓是出类拔萃，其表述的准确程度可谓是“增之一分则嫌长，减之一分则嫌短”。

据他本人所言，这一切全都得益于他儿时近乎苛刻的磨炼。经过不断的磨炼，他在挫折中摸索前行，终于练就了扎实的语言功底。当代的话，恐怕就只有美国职业棒球大联盟退役球星一郎能与其相提并论了。只有付出如此的努力，他们对语感（球感）

的掌控才会如此细致入微。

我不喜欢读小说，但却喜欢读随笔。我读的第一部随笔集是《叶隐入门》，这是一部十分精彩的随笔集。

在韩国，三岛由纪夫被视为右翼，是少数几个被视为禁忌的日本作家之一。但细细品读他的作品，却发现他有很多言论都是针对右翼而发的。

渐渐我发现，他的很多言论虽然似乎都是针对体制而发，但那只不过是我们对他的误解罢了，其实他要表达的，更多的还是精神层面的东西，而且他笔下所描述的，无一不和他的人生紧密相连。

他的语言本身就是美学的典范。虽然他是如此钟爱美的事物，但他笔下的美绝不是纯粹的感性美。他对自己的理性思维勤加磨炼，因此他笔下的事物既是有感而发，又充满理性的光芒，二者兼而有之。

我是成年以后才开始学的日语，因此我的日语是经历了理性的历练的。我觉得三岛由纪夫的日语不仅仅结构严谨，其语言本身更给人一种芳香四溢的感觉，简直就是语言美学的典范。

对于外国人来说，三岛由纪夫的死也仿佛有着一种如梦似幻般的美，因为除了日本，世界上没有任何一个国家是把自裁当成一种文化的。

毕业于东大法学部的前大藏省职员，而且还是知名作家，任谁都无法想象，他的死居然如此富有戏剧色彩。

在我看来，他的整个人生都是经过精密筹划的，甚至就连人生的终结都是由他自己一手导演的。其实像村上春树、吉本芭娜娜等日本作家非常受韩国人的欢迎，但我还是决定师从一个右翼分子，阅读被韩国人视为禁忌的三岛由纪夫，并从他的身上汲取养分。

我读了《叶隐入门》之后，我发现武士道就是他人生的核心。他以武士道为体，不断锤炼自己的精神。相信他初读《叶隐》之时，一定会为自己的孱弱而感到惭愧吧。

最后，他终于将思维、感觉及身体的状态发挥至极致。他身材不高，却又充满魅力。

他的语言至臻至美，我是第一次读到如此热情洋溢的文字。三岛对生死的诠释，即便是外国人也能感同身受。最终，他决然以自裁的方式结束了自己的生命。

对于日本的当权者来说，三岛由纪夫事件或许是一个大麻烦，所以媒体也没有做过多的和不必要的报道。我认为，三岛由纪夫在日本国内很难会得到一个公允的评价，但在国外，人们对他的评价肯定会高于日本国内。

他的著作是他倾注心血写下的人生之轨迹。他将自己的意志深深地印在了作品当中，他的实践更让其作品大放异彩。

他是一个占据了理性的制高点的男人，仅从这一点来说，他的人生就让人羡慕不已。

然而人生不能全都用理性去诠释，除了理性，还有精神与感情。三岛是在接触了武士道之后，才开始重视精神与感情的。他深知，武士道的核心内容就是生与死。可以毫不夸张地说，是武士道精神造就了日本这个国度。

战后，在理性和秩序的支配下，日本的经济得以飞速发展，但却无暇顾及精神方面。从某一个侧面来说，这样的结果也算是遂了作为战胜国的美国的心愿。

我以我多媒体研究者的理性，看着这些过着洒脱的生活且又十分聪慧的人们。深思之余，一种无声的震撼从我的心头油然升起。

修养类、哲学类、古典类书籍是人生的根基

有人说岩波文库的书都很难懂，这点我也深有体会，所以我特意选了一些简单易懂的来读。

我试着读了读柏拉图，结果由于过于难懂而放弃了。塞内卡倒是没有那么深奥，比如说《论生命之短暂》一书。

这本书他原本也没有打算写成哲学书籍，所以只是以人生随笔的形式展现在读者面前，故此也就没有那么深奥。

另外，像斯宾诺莎的《伦理学》、黑格尔、康德和笛卡尔我都坚决不会去读，他们的书都不在我的阅读清单之内。

虽然岩波文库已将上述书籍网罗其中，但由于读起来过于费时费力，所以从一开始我就决定，将性价比不佳的书籍弃之不读。除了此类书籍，更有很多读起来趣味横生的书籍。

我读过歌德的作品，也读过爱克曼的《歌德谈话录》，那是一部非常引人入胜的作品。我也读过尼采，尼采的作品比较通俗

易懂，所以也比较容易掌握其内容。很多人都认为尼采的作品艰涩难懂，但事实并非如此。不必去阅读“超译版”，尼采自己的语言就非常简单易懂。但他有些言语近乎疯狂，我们在阅读时一定要注意，不要为其所蛊惑。

叔本华更让我如痴如醉。他的著作每一页内容都是那么紧凑，以至于我在阅读时花费了大量的时间。他的著作之所以会如此让人着迷，那是因为其字里行间充满理性而且逻辑性很强的缘故。

那些行文艰涩难懂的哲学家和古希腊哲人的作品让我望而却步。或许也有翻译方面的原因，但我认为主要是由于我跟这些哲人们的价值观大相径庭的缘故。

在岩波文库推出的书籍当中，我最钟爱的作者就是塞内卡、尼采、叔本华和歌德。我一直把他们当成是教我如何做人的恩师。

修养类、哲学类及古典类书籍是我们安身立命的根基。人生的根基如果坚实的话，即便风吹雨打也不会动摇，更不会垮掉。

如果没有坚实的根基，我们的人生便无法开枝散叶，更不可能花团锦簇。如果没有坚实的根基，我们的人生将会倒于强风之下。只有扎下坚实的根基，我们的人生才不至于颓然倒下。

建筑物的基础非常重要。打基础可以说是最为平实，也最为无趣的作业，但倘若没有基础的话，一切就都成了空中楼阁。再怎么华美的建筑，如果不打好基础，即便是轻微的地震也能使其毁于一旦，表面的华美也将变得毫无意义。

当然，美和基础同等重要，二者缺一不可。但是打基础的过程既无法凸显你的功绩，又要耗费大量的时间、金钱，可以说是费力不讨好，根本没有人愿意去为此付出太多。

其实这已经成了当代的一大社会问题。我们有必要让自己返璞归真。添枝加叶固然重要，但打好坚实的基础更是重中之重。

根基不牢会令人心生不安。人们的不满情绪源于过去和现在，而非未来。人们无法对未知的未来产生不满，但却有可能出现不安的情绪。现在对未来感到不安的人恐怕不在少数。

我们对过去的不满与对未来的不安完全是两码事。相对于对细枝末节的不满，不安则显得有些难以解决，因为这是涉及到根本的问题。

既然心怀不安，那么我们就更要夯实基础、明确方向。这一点我们要从经历过风风雨雨的人们身上，尤其是从他们的语言当中找出端倪。

书籍存在的意义就在于此。我读书的目的是为了生存，而并非是学习。这是我读了岩波文库以后，重新审视自己读书的目的时注意到的问题。

经常会有人问我，究竟该如何将阅读投入到实际应用当中，阅读究竟会对自己的人生有什么好处。至少，阅读和我的人生已经密不可分。阅读的目的就是为了生存，我从中受益匪浅。

人生的核心在于自我修养的完备

三岛由纪夫精于文艺，善写随笔，通达武士道，国家大事也能说得头头是道，算得上是一位“多面手”作家了。

当我读三岛由纪夫的小说的时候，我不禁感叹于他文章脉络的清晰，这跟他能够精准把握人物最深层次的心理不无关系。

比如说他在描写主人公对女性展开追求时的语言运用，此处的语言就牢牢地掌握了女性深层次的心理状态。通过三岛的描写我们可以看出，小说的主人公深知该怎么做才能引诱有钱的女性上钩。

小说的主人公有时会以蓬头垢面、脚穿拖鞋的形象出现在对方面前；有时会身着礼服，利用视觉上的落差将对方玩弄于股掌之间。在现实生活当中，个人形象的落差的确能够让很多人心动。我想三岛由纪夫正是由于深谙读者的心理，才会将小说中人物的心理描写得如此精彩。他深知在什么地方通过怎样的描述，才会让读者的心跟着小说的情节跌宕起伏。

身为一名作家，要具备掌握读者心理变化的能力。只有这样，才能把握读者的感情变化，才能牵动读者的情绪并使之感动。三岛由纪夫是一个非常善于创造感动的天才。

至于如何才能让读者动情、如何才能启动读者感动的“开关”，他自然是了如指掌了。

他动人心弦的本领不仅仅在文章中有所体现，演讲时更是如此。而且他的演讲不仅限于日语，我还在 YouTube 上看过他用法语讲演的视频，不但讲演非常精彩，个人魅力更是表现得淋漓尽致。

他的英语水平也非常高，足以让美国人听了都大吃一惊。虽然每次只是寥寥数句，但却总是能够一针见血，直击事物的本质。虽然他说的是英语，但给人的感觉却是非常专业，就像他用日语表达时一样。

他从不说一句废话。他的语言具有绝对的纯度、浓度与热度。他的文章，即便只是读上一页，也足以让人感受到它的热度，绝对不会让人产生想草草读罢了事的念头。

从这一点来看，他跟叔本华倒是有点像。三岛由纪夫跟叔本华的共同点就是，他们都占据了理性的制高点，而且他们的语言都是一样的优美。他们也有不同之处。叔本华是因年迈而亡，而风华正茂的三岛由纪夫则选择在精力最为旺盛的年纪结束自己的生命。由于他们对待生命的态度各不相同，因而他们文章中所裹挟的能量自然不可同日而语。

歌德也没能像三岛由纪夫那样死得轰轰烈烈。从某种意义上来讲，尼采倒是跟三岛由纪夫有几分相似，他最后是因精神错乱而死的。也正因如此，尼采在语言表达上才会与其他人有所不同。

以上皆为本人结合所读书目及客观事实的主观感受。或许有的读者要问，即便知道这些事，又能如何呢？会对我们的人生有什么帮助吗？

我认为，人生的核心就在于自我修养的完备。有的人有钱，有的人有地位。社会性差异纵使有千万种，但归根结底决定我们人生成败的还是我们自身的能力，还有精神的力量。

精神方面的因素及视点的高低决定了一个人人生的本质。我们能否与他人意气相投，也全都取决于此。当我们遇到杰出人士时，自己在对方眼中是值得恳谈还是不值一哂，也全都取决于此。

我们的人文修养最终会体现在我们的文章及言行举止上面。我们的文章及行为举止也是我们精神素养的真实体现，而这些是无论如何也造作不来的。

对于有些人来说，修养类、哲学类及古典类书籍是荒疏不得的，因为这些书籍可以让你达到仅凭一己之力绝难企及的境界。法国哲人伯纳德曾经说过，“我们只不过是站在巨人肩膀上的侏儒罢了”。

以我们自己的身高，所能看到的景色毕竟有限。但如果我们能够站在前人留下的知识遗产上面放眼瞭望的话，就会看到完全不同于以往的景色。至于我们究竟能站得多高，那就要看我们到底读了多少本书了，仅此而已。

不管做什么，自行其是的做法换来的往往是失败。首先我们要模仿、借鉴前人的经验，再在此基础上进行思考和创新。社会化创新全然不同于个人的创新，要想促生社会化创新，就只能借鉴和学习前人的经验，借以充实自己。

读书是自我成长的起点

读书是提升思维能力的最佳途径，这一点我们已经在前面的章节中强调过。阅读修养类、哲学类及古典类书籍更是如此。

但阅读此类书籍时有一点需要注意，那就是万万不可被动地去从书籍当中获取知识。这一点我们在之前也已经强调过，因为这样一来我们的思维能力根本无法得到有效的锻炼。我之所以反复强调读书并非是为了获取知识，就是这个缘故。

叔本华在谈及读书的危险性时，也说到了这个问题。他认为，读书的本质就是在用他人的大脑在思考问题，因此，读书对自己的思维是有害而无益的，这就是他的观点。

人的大脑可以分为“读书脑”与“思考脑”，此二者截然不同。“读书脑”负责与外部进行交流，而“思考脑”则用于内省。读书的本质就是将他人的思维化为己用，就好比是捡别人穿过的旧衣服穿一样。

而思考则是自发的，就好比是穿上一件崭新的衣服一样。因此，读书只是思考的代用品，是不完美的。

有一句俗语说得好，“地图并不是真实的土地”。同样的道理，阅读关于旅行的书籍跟实地旅行也完全是两码事。

叔本华也曾经说过，读书如果是银箔的话，那么思索就是纯金。他甚至还说，读书只不过是人的义齿罢了。

思索需要一种名为知识的素材，从这种意义上来讲，读书也未必就是坏事。其实最要不得的就是错把读书当成是思索，这种误解是极为危险的。

叔本华认为，将别人费力思考得出的结论误认为是自己思考的成果，并因此而洋洋自得，这简直糟糕透顶。

当然，叔本华之所以这样说，并非是对读书持否定态度，而旨在说明仅仅是博学多识是远远不够的。作为思索的素材，博学多识自然是有益于思考。读书是件好事，但绝不应该让读书凌驾于思考之上。古语有云“学而不思则罔”。

读书用以开拓视野，思考用以深化思维，二者各司其职。读书是为思考服务的，读书是无论如何也无法替代思考的。阅读之不同于思索，正如意志之不同于行动。

很多日本人认为读书的目的就是为了学习知识，殊不知这还是提升自己思维能力的一个重要阶段。读书的妙处就在于能够将学到手的知识转化成为思考的素材。

较之能够提升自己思维能力的最佳道具——修养类、哲学类及古典类书籍，我们大可以以一种较为轻松的心态去阅读商务类及实用类书籍。

知识、理论和智慧之间是有区别的。用烹饪举例来说，知识就相当于食材，理论就是烹饪方法，但只有食材和烹饪方法的话，似乎还差了点什么。

智慧从实践中来。只有经历无数的失败与摸索的实践，乃至数度遭受烫伤之苦，才能习得一身高超的烹饪技巧。如果空有食材和烹饪方法，而不经过实践的话，是绝对无法学会烹饪的。

书籍是前人智慧的结晶，但绝不要以为我们只要读了前人的书籍，就拥有了前人的智慧。没有实践的话，知识是无论如何也无法转换成为智慧的。只有我们亲身感受和体验到的，才是智慧。也只有付诸切实的行动，才会有真正的思考。

无论是知识，还是理论，都不是我们追求的最终目标，它们只不过是我们赖以求生的工具和手段而已。知识和理论本身并不能让我们的社会地位得到提升，也不能因此而获得更高的报酬，更无法提升别人对我们的评价。但它们却能将我们的人生价值及人性提高到一个新高度。

读书让我们在精神上走向成熟，使我们的人生变得更加丰满、自由和美好。读书绝不是终点，而只是一个起点，一个自我强化、自我调整的起点。

书的价值与网上的信息不可同日而语

我发现日本有很多人对待报纸等新闻媒体的态度简直近乎于痴迷。我来到日本以后，也一直在订阅五大主流报纸，并在上面花费了海量的时间，因为当时我觉得只有随时更新自己的知识和信息，才不致落后于人。

但最近15年来我没有读任何报纸，却也没觉得有什么不妥。之前我总觉得要是不看报、不掌握新闻动向，就会跟不上时代的脚步。现在看来，我当时完全想错了。

不读报，用自己的真情实感去体会，我反而会对新闻的本质理解得更加透彻。此外，放弃读报可以让人从对世界的幻想与误解当中解脱出来，让人活得更加简单自由。

从某种意义上来讲，不看报纸及新闻反而会对我们自身有益。某一时期的热点新闻没有必要多关注，而能够历久弥新的事件才更有关注的价值。

如果有时间读报的话，不如用这些时间来读书。在读报上面花费 30 分钟也好，1 个小时也罢，我们大可以将这些时间花在其他事情上面，这样做才是真正为我们自身着想。

由于现在使用的都是智能手机，我们无需主动去浏览，新闻也会不请自来。没必要看付费内容，免费的就足够了；也没有必要去关注微观动向，只需了解宏观趋势即可。

不要浪费时间去浏览社交网站，多花些时间读书，因为通过读书可以与我们自己进行对话和内省。

如果想要快速获取信息的话，互联网是个极为便利的工具。上网看新闻时有一点需要注意，那就是速报类新闻和经过记者详细调查后整理出来的报道的份量截然不同。

如今这个时代，网上的文章质量几乎没有能超越书籍的。网上的东西终究无法跟精心整理成册的书籍同日而语。

著作权这个东西，我说不清它对我们读者来说究竟是幸运还是不幸。因为有著作权，所以一般情况下不能将整本书的内容都放在网上，让大家免费阅读；也正是因为有了著作权，书籍的价值和网上的东西才不可同日而语。

大量经过精雕细琢的优质信息依然沉睡在书籍当中。网上的信息属于“快餐”，任何人都可以免费浏览，但这样的信息究竟价值几何、是否有据可依，我们就不得而知了。

书籍质量之所以会这么高，其原因与新闻报道质量较高的原因大体上相同。每本书都有编辑，有了编辑们通力合作，书籍才会被整理成册。书中的内容也都是有理可依、有据可查的。

书籍无论是形式，还是内容，都是无可挑剔的。而且书籍中的文章就像是一道道没有加入化学调味剂，而只使用有机食材调理出来的菜肴一样，令人回味无穷。

我认为，要想有效利用时间，就要从考虑接触什么样的信息着手。从获取优质信息的角度考虑的话，踏踏实实地读书远比在网上徒耗时间效果更佳，也能够更加有效地补充精神养分。

我们要清楚自己想要的到底是什么，究竟是信息的快捷性，还是维系自己心智的“骨骼”与“肌肉”。

无论是在家里，还是在地铁上，每天一刻不停地摆弄着智能手机，虚度时光，这或许是最危险的事了，因为这样做无疑会让你无法充实自己。

第 3 章

阅读第一遍：10 分钟通读全书

CHAPTER THREE

●读第一遍时要用 10 分钟通读全书，要略读，其目的是为了把握这本书的大体轮廓。

●在阅读过程中，我们要彻底摒弃那种“舍不得”的心态，一定要一边舍弃，一边阅读。

●我们首先要浏览目录，掌握书的整体构成，再在此基础上简单浏览全书。

●如果读书时我们事先掌握了书的末尾或是后记的内容，这本书读起来就会备感顺畅。

●在开始阅读之前要给自己限定时间，而且一定要下定决心，必须在规定的时间内读完。

●在一本书上所花的时间越短，就越容易养成良好的读书习惯。

要以舍弃 80% 的心态去阅读

下面我们针对“100 分钟读三遍”读书法进行详细解说。首先，读第一遍时要用 10 分钟通读全书，要略读。

花 10 分钟大致浏览一遍的目的是为了把握这本书的大体轮廓。掌握了一本书的整体结构之后，较之对整本书一无所知，阅读的理解程度将会大不相同。

就像之前说过的那样，在阅读商务类及实用类书籍的时候，大可以做好舍弃其 80% 内容的准备。若非如此，就会严重影响对重点内容的理解和记忆。谁都不可能将一本书的所有内容全部记住。

就好像工作时安排待办事项的优先顺序一样，不管这本书是 200 页也好，250 页也罢，我们一定要先找出这本书什么地方比较重要，什么地方不那么重要。

为了了解作者的真实意图，我们更要以舍弃其中 80% 的心态去阅读。在阅读过程中，我们要彻底摒弃那种“舍不得”的心态，一定要一边舍弃，一边阅读。如果是一本 200 页的书，那么值得阅读的部分大概也就只有 40 页，这 40 页内容一定要读懂吃透。

当米开朗基罗被问及是如何雕出大卫像的时候，他答道：“其实并不是我雕出了大卫像，大卫像早已沉睡在那块大理石当中，而我所做的，只不过是把无用的部分除去了而已。”

我觉得在思考、会话以及阅读等方面也是如此。“大卫像”就沉睡在书中，我们要带着将“大卫像”从书中发掘出来的意识去阅读。

有舍必有得。带着这样的想法去阅读的话，自然就会跳过很多内容。其实这个过程与其说是在阅读，倒不如说是在寻找。当我们用心去寻找书中的要点时，也就不得不跳过那些我们不需要的内容了。

因此，掌握书的结构及构成就显得尤为重要。我们首先要浏览目录，掌握书的整体构成，再在此基础上简单浏览全书。

这里需要注意的是，作者认为重要的地方，我们暂且不必将其作为重点，而只是按照我们既定的节奏去浏览即可。

其原因在于我们读书时不能漫无目的。从这本书当中我们想得到什么，这个目标设定越是明确，各项内容的先后顺序也就越是明了，我们的阅读效率也会更高。

掌握了书的大体结构，确定了各项内容的优先顺序后，读第二遍时的时间如何分配也就大体上确定了。

我有时候会从一本书的末尾或是后记读起。一般情况下，作者总是会在序言中激发读者的兴趣，让读者对自己的书有所期待，而在末尾才给出结论。几乎所有书籍的作者都是按照这个思路进行构思和行文的。

人们总是会非常重视临别时的话语，其重视程度绝不逊于表白时的语句，因为那会给人一种回味悠长的感觉。正因为如此，很多作者都会将自己最想要表达的东西、最想让读者知道的东西以及最能提升自己口碑的内容放在书的末尾。

知道了目的地和里程之后，即便手中的行李再沉重，也依然无法磨灭我们前行的意志。与此同理，如果读书时我们事先掌握了书的末尾或是后记的内容，这本书读起来就会备感顺畅。又好比我们已经知道了一场体育赛事的结果，那么只需观看精彩回放就足够了。

书的作者总是会煞有介事地在书末才给出结论。但如果我们能够在一开始就知道结论的话，就能轻而易举地抓住重点。跳跃式阅读，让我们的阅读变得更加轻松。

时间就是生命，绝对不能浪费

读第一遍的时间仅有 10 分钟，要严守这个时限。那么如果一本 200 页的书要在 10 分钟内读完的话，就要在 5 分钟之内读完 100 页，1 分钟之内读完 20 页。

这就好像是跑马拉松一样，慢了的话要加快脚步，快了的话却没有必要减速。一定要在规定的时间内读完，如果快了的话也没有必要非要花上 10 分钟不可，可以把剩下的时间分配到接下来的阅读当中。

有很多人第一步就遇到了困难，觉得通读一本书只花 10 分钟有些不可思议。他们总觉得跳跃式阅读会错过很多不该错过的东西，对跳跃式阅读本身有抵触情绪。

前面我们已经说过，日本人做什么都是一丝不苟，非常认真。他们之所以对跳跃式阅读有抵触情绪，是因为一丝不苟地读完全书更容易让他们获得满足感。

但如果不进行跳跃式阅读的话，反而会在接收重要信息时出现问题。只有意识到这一点，我们才会有勇气舍弃部分内容，有勇气跳着读。

人们往往会在无意识间低估自己的能力，实际上，我们下意识阅读时的效果远超乎我们自己的想象。

在进行第三遍“涂鸦阅读”时，日本人也容易生出罪恶感。他们对书有一种近乎崇拜的感情。

因为书籍是我们人生的支点，对其表现出适度的尊重自然也在情理之中。但我认为这种崇敬之情仅限于文艺类书籍便可。

商务类和实用类书籍着实没有必要那样阅读。希望各位读者读完本书以后，读书的观念会发生应有的转变。

我们之前已经再三强调过，不要过度相信自己的记忆力。我们能够凭借自己的记忆力将书中的内容全部记住吗？实际上，经常会出现这种情况，那就是一本花了两周时间才读完的书，再经过两周以后我们就已经把它忘得一干二净了。

与其如此，我提议，倒不如花上100分钟读一本书。因为花100分钟读的书即便是一年以后，书中重要的内容依然能够记忆犹新。诸如商务类书籍等特定领域的书籍，要是带着一鼓作气读完的信念去读的话，就一定能迅速将其读完。

接触过几次同一专业领域的文章后我们不难发现，其文脉大体上是一致的。同样一件雕塑作品，如果我们从不同的角度去欣赏的话，所感受到的自然不尽相同。文章也是如此，虽然措辞和角度有所不同，但其实质则是大同小异。通过反复阅读同一本书，其实也能得出相同的结论。

既然是殊途同归，当然就没有必要一字不落地全读了，只要稍稍涉足，掌握大体情况便可。其实有时根本不用有意识地去读，我们的潜意识会帮我们处理好这一切。

就像我们之前反复强调的那样，千万不能小瞧了这100分钟，尤其是在这100分钟如何分配的问题上，更是丝毫马虎不得。

“100分钟读三遍”其实不仅仅是读书法，同样也是如何支配时间的方法。在这100分钟当中，我们使出浑身解数，精力高度集中，只是埋头阅读。绝不可小觑我们此刻所迸发出的能量。

我们的生命是由一分一秒累计而来的，所以即便只是区区的100分钟，也一定要善加利用才是。

如果花上几个小时、几天乃至几个星期才读完一本书的话，那我们不但会一无所获，而且大好的时光也被白白浪费掉了。

与此相反，越是能够在短时间内取得成果，对我们自身就越是有利。因此，在时间的运用上是丝毫马虎不得的。

有时间要读，没有时间也要读

经常有人说总是挤不出时间读书，但我认为问题出在他们的读书观念上。读书的时间不是挤出来的，而是要特意安排出一定的时间用来读书。

我们要清醒地认识到，读书对我们的人生来说究竟有多么重要。

重要的事情理应优先去做，我自己就是这样做的。读书所带来的效果绝对是超值的。

有很多人都热爱书籍、热爱读书。更有些人想读更多的书，然而却又感叹没有那么多时间。究其原因，我认为这只是因为他们没有把读书当成人生头等大事来对待罢了。

正是因为不够重视，所以才会没有时间读书。在这里我要奉劝各位，多拿出点时间来读书吧。不必全神贯注，完全可以按照自己的节奏去读。读书虽然不具实践性，但无论如何也要为读书安排出一定的时间。

读书与运动、进食等活动同等重要，因此绝不能等有了时间的时候再去读书。

“有时间要读，没有时间也要读。”这是比尔·盖茨及沃伦·巴菲特等爱书的成功人士常说的一句话。不是说有空才读书，而应该考虑如何有效运用读书以外的闲暇时间。将读书置于日常生活中最为重要的位置，抱有这种想法的成功人士为数不少。

阅读时间一定要严肃对待，读书时要竭尽全力，尽量提高效率。制定好 100 分钟内读完一本书的计划后，无论发生什么事，都要将计划进行到底。

刚开始最好设定闹钟，第一遍 10 分钟，第二遍 50 分钟，第三遍 40 分钟。

就如同读书是人生的头等大事一样，100 分钟读书法对于读书而言也是头等重要的。不要因怀疑 100 分钟之内能否读完而踌躇不前，而需要下定决心，一定要在 100 分钟之内读完。

一定要规定明确的时限，而且一定要严格遵守。比如说有一部企划书必须在两个小时之内提交，那么不管其质量如何，我们就一定能按时完成，这就是时限的效果。

同理，如果下定决心一定要在 100 分钟之内读完一本书的话，那么就一定能够读完。

我觉得如果一个人无法做到在 100 分钟读完一本书的话，那么即使给他500分钟，他也照样读不完。首先，要让“一本书100分钟读三遍”成为常态。

在这100分钟当中，并不是说一定要理解到什么程度，也不是说一定要记住多少，而一定要把“读三遍”放到第一位。至于书中的观点是对是错，我们也暂时不要理会，总之首先要把“100分钟读三遍”这个想法付诸于行动。

在开始阅读之前要给自己限定时间，而且一定要下定决心，必须在规定的时间内读完，就绝没有完不成的道理。既然决心已定，就要坚定信念，坚决按计划执行。

时间就是生命。或许有的人很是吝惜这区区的100分钟时间，认为用来读书颇为可惜。那么，花费100分钟用来读书，究竟是否物有所值呢？

根据我本人丰富的阅读经验，除了少数书籍以外，大多数书籍都是值得花上100分钟读上一读的。作者和编辑花费数月时间编写而成的书籍，身为读者的我们花上100分钟的时间来阅读，其实真的一点都不算多。

其实判断一本书有多大价值，除了作者和编辑的因素以外，读者的阅读方法也至关重要。虽说书籍的质量的确良莠不齐，但读者如果认认真真去读的话，即便书籍质量再差，也能从中有所感悟，也能从中学到知识。

真正优秀的读者，不光拥有甄别优秀书籍的能力，还应从质量不佳的书籍当中有所斩获。同一本书，有的人读了以后一无所获，而有的人却收获颇丰。即便是同一本书，阅读方法不同，收获自然也大不相同。

诚然，在众多书籍当中，肯定会有例外。至于这种书籍我们该如何面对，在后面的章节当中我们会谈及这个问题。

阅读一定要在设定的时限内完成

我们的生命是由一点一滴的时间积累而来，时间是我们生命当中最为宝贵的财产。当然，读书也是非常重要的，但这并不代表可以在读书上面肆意挥霍时间。

我跟人聊起读书的话题的时候，很多人都说自己读书的时候从来都不设定时限，对此，我一直耿耿于怀。

读书时要事先计划好时间，做到专时专用。虽说读书是人生的头等大事，但显然时间更是重中之重，毕竟时间就是生命。

因此读书也一定要设定时限。规定时限之后，人的注意力也会随之更加集中，这着实是个有趣的现象。总之我们按照自己设定好的时间去读就好。就像很多人在工作中都能按时完成规定的任务一样，如果在读书时设定时限的话，那么我们也一定能按时读完。

相反，如果没有时间限制的话，我们在工作时，所有人都将会是一副懒洋洋的做派，工作也将毫无止境地一直拖延下去。

可见设定时间限制对任何事来说都能起到积极的效果，所以读书也是一样。但在如此短的时间内，如果只读一遍的话，恐怕会难以领会作者的意图。那么，我们就要读三遍。首先，我们要先着眼于大局。掌握了概况以后，对于书中重点内容的把控就变得轻而易举了。

当然，任何事都不可能一蹴而就，读书也是一样，但我们绝不要轻易放弃挑战。首先要制定出100分钟读三遍的计划。第一遍10分钟，第二遍50分钟，第三遍40分钟。阅读格局一定要先确定下来，这一点至关重要，因为一旦形成定式，就要严格按照定式行事。

我们要的不是鼓足干劲，也不是尽力而为，而是能够将决心及决定等转化成行动的诀窍。这个诀窍的重要性毋庸置疑。有了这个诀窍的助力，行动将不再是难事，这对日本人来说尤为有效。

空有决心而迟迟无法付诸行动的人必将一事无成，同时，这无疑也是十分痛苦的。比如说，如果有人指导我们如何做自我介绍的话，我们的自我介绍将会做得非常精彩；如果有人告诉我们如何约会的话，我们也能做得十分出色。

在商务活动中也是如此。如果我们一切都按照工作手册去做，就一定会做得中规中矩。任何人只要按照一定的程序去做，工作肯定不会出问题。

读书也是同样的道理。计划100分钟读三遍，这三遍的安排如下：第一遍用10分钟总览全局，第二遍用50分钟精读，第三遍用40分钟深入阅读。这时我们不会在意这样的做法是否正确，而想的只是如何能迅速完成计划。人们只要认定这样做可行，就一定能做成，日本人大抵如此。

短时间内读三遍远比花很长时间读一遍更容易抓住重点。这其中的差别只有亲自实践后才能感受得到，也正是有了这种成功的体验，我们的态度才会变得越发积极。

我们可以比较一下，看看100分钟读完一本书和花两周的时间读完一本书哪种情况效果更好。首先我们来看看第一种情况。花100分钟的话，不仅能够节省时间，而且还能有效地掌握要点，也能记住书中内容。而后者虽然花了两周的时间，但再过两周以后，却几乎已经忘得一干二净了。可见一本书仅花100分钟阅读，其优势十分明显。

我们要摒弃阅读所花时间越多效果就越好的想法。究竟是哪种读书法更高效，还需我们在实践中细细品味。

我一直有这样一个疑问，会不会花的时间越长，对内容的理解程度反而会越低呢？又会不会花的时间越长，就越无法抓住重点呢？

实际上，我们对书籍理解和记忆的因素并非是时间，而是阅读的次数。我们阅读所花的时间跟对书籍的理解程度是成反比的。

只要明白了这个道理，跳跃式阅读就不难做到。要彻底摒弃所花时间越多就理解得更透彻的想法。

如果我们能够意识到花得时间越多，反而会越无法抓住重点的话，就能深切体会到，加深理解和加强记忆并不是靠时间，而是靠阅读次数。

前面我们已经说过，人潜意识的作用不容小觑。在阅读过程中，看似跳过的部分，实际上我们已经将其切切实实地看在了眼里。

短时间阅读还有一个优势，那就是读的时候更能够全神贯注。

心理学上有一个沉浸理论（Flow Theory）。是说人完全投入到当前场景中，思维不会被眼前的事物所干扰，处于一种注意力高度集中的状态。人进入沉浸状态时，会彻底丧失时间概念和自我意识。

但有一点需要注意，那就是制定的时间计划千万不能忘记，这一点至关重要。虽说是完全沉浸在读书里面，但在此期间绝不能忘了时间。

在开始之前，要尽量清除一切可能打搅到我们读书的因素。首先要关掉智能手机的电源。如果是在上班或上学的路上读的话，就要尽量选一些简明易懂的书籍，最好是选一些在短时间内能够读完的。

我在庆应义塾大学任教期间，每次让学生公开自己的研究成果时，与其给他们3个月的时间，倒不如给他们一周的时间，因为后者的质量往往高于前者。

日本人似乎有一种信念，他们很愿意相信花的时间越多，生产率也就越高，但我却对此深不以为然。实际上，在G7（七国集团）各国当中，日本的生产率是最低的。劳动时间长，生产率反而低下，之所以会如此，正是日本国民的这种信念在作祟。

在很多人印象当中，认为只要花上足够的时间，就能达到理想的效果，但结果却往往事与愿违。花更多的时间往往意味着对时间的重视程度不够，更暗示了其目的不够明确。

因此，我们一定要对时间进行压缩，在如何使用时间上多下功夫。如此一来，必定事半功倍。我们要改变观念，重新认识时间与成果之间的关系。

快速阅读也能迅速抓住要点

虽说时间就是生命，但究竟为什么要单单强调要在读书时间上多下功夫呢？因为读书对我们来说无比重要。

很多人都希望能够拥有更多的时间用来阅读。实际上，也有很多人在阅读方面花费了大量的时间。但我要提醒大家注意的是，最需要增加的是阅读量，而并非只是阅读的时间。

日本人可能是世界上最爱读书的民众了。德国人对书籍的钟爱也不亚于日本人。曾经有过这样一个调查，美国大约有 7 成的人每年读书册数不足一本，而有些人平时根本就不读书。

在日本，平时不读书的人所占比率应该比美国更低，而且经常阅读的人所读书籍的数量也会更多。这也就是说日本人的读书时间非常充裕。然而从另外一个角度来说，日本人对于从书籍当中汲取养分的效率着实堪忧。如此大的阅读量，然而效率却又不甚理想，这难免让人觉得有些可惜。

只有掌握了更加短时高效的阅读方法，才能够更好地多读、泛读，这样才能接触更多的事物，也有更多的机会接触到更加优秀的作品。我建议大家体验一下，这种感觉简直是妙不可言。

随着阅读量的增加，在我们的人生当中，书籍也会变得越来越有价值。

我们头脑中的知识毕竟有限，而书籍的作者们却能够通过书籍让我们了解从未涉足过的领域。

通过购买书籍，我们只需花上几百乃至上千日元，就可以买到作者的人生经验及教训，所以书籍绝对是一种物超所值的商品。

就是这么一种物超所值的商品，却还是有人舍不得投入金钱和时间。甚至更有些人对书籍根本就不屑一顾。如此一来，经常读书的人和总是不读书的人之间的差距就会越来越大。

经常读书的人无疑眼界会比较开阔，工作效率会更高，知识也会比较丰富。相反，不读书的人不但“生产率”不断下降，在精神上也会陷入困顿的状态。

读书有百利而无一害。正是因为人们都明白这个道理，所以才会有那么多人经常读书。虽说如此，但人们在读书时往往不太讲求效率和方法。

因此，我主张应该彻底改变我们的读书方法，尤其是在阅读商务类及实用类书籍的时候。有了“100分钟读三遍”读书法，我们在阅读商务类及实用类书籍时，情况就会与以往大不相同了。

因为只有这样，我们才能让书籍为我所用，让自己成为真正的主角。

快速阅读能够让我们迅速抓住要点，所以掌握了快速阅读法，我们只要在书店里随手翻上几页，就能大体上知道这本书对自己有没有用处。

有时候一本书的主题虽然不错，但有可能由于作者表达能力欠佳或是用语不够专业等方面原因，而使得整体内容差强人意。掌握了速读法，书中是否出现上述情况，我们一望便知。

与人打交道，只需交谈 1 分钟就可以看出对方的思维能力与表达能力究竟如何。识人如此，读书也是如此。如果一本书的质量欠佳，我们一眼就能将其识别出来。

我们选择的书籍，最终要耗费自己生命中的大好时光去阅读，所以不得不慎之又慎。

我们读一本书至少要花费 100 分钟的时间，如果选择失误的话，那么这 100 分钟就白白浪费了。我们已经反复强调过，即便是 100 分钟的时间，也是非常宝贵的，所以这 100 分钟花得是否值得，我们一定要仔细思量。

将一系列流程融入阅读习惯

缩短阅读时间还有一个好处，那就是可以帮助我们养成阅读的好习惯。很多人虽然觉得自己应该读几本书了，但是却总是迟迟无法付诸行动。人的意志远比我们想象中的薄弱。

有些人认识到了人性的这一弱点，于是开始培养良好的习惯。养成良好的习惯后，行动就大可不必再依赖于我们那过于脆弱的意志。要尽量将生活中的一切都习惯化、系统化，因为如此一来，一切就都变得简单多了。

这就像每天坚持跑步 30 分钟一样，对于已经养成跑步习惯的人来说根本算不得什么，但对于没有跑步习惯的人来说却是极为痛苦的，甚至在没有开始跑之前，他们已经在想象着自己半途而废的情形了。

读书也要养成习惯。只有养成习惯，才能确保自己有足够的时间去阅读大量的书籍。培养读书习惯时，在一本书上所花的时间越短，就越容易养成良好的读书习惯。

如果每天能拿出 100 分钟读书的话，那么一年就能读 365 本书。实际上这并非是什么难事。比如说每天早起 1 个小时，这样读第一遍和第二遍的时间就有了。一天的工作结束以后，回到家再读第三遍。

此外，还可以灵活利用通勤及午休时间。比如上班乘地铁 30 分钟车程，下班同样也是 30 分钟，加上午休的 40 分钟，正好是 100 分钟。

如果每天拿出 100 分钟的确有困难的话，那么两天 100 分钟，甚至是 3 天，乃至一周 100 分钟也可以。能够在一周之内将一本书读三遍其实也不错。即便每周只读一本书，那么每月就是 4 本，一年下来大概也能读上 50 本书。

如果只是拿出 100 分钟的话，相信任何人都能做到；如果只是读一本书的话，相信对谁来说也都不是难事。有很多人觉得，难就难在既要确保读书的时间，又要在既定时间内把一本书读完。

首先，要养成阅读的习惯，时间就一定要确保。这就要从其他方面挤出时间用来读书，或是设定读书专用时间，雷打不动。

至于能否在规定时间内读完一本书，只要习得了“100 分钟读三遍”读书法，就完全不成问题。不管是在咖啡馆、地铁上，还是午休，我们随时随地都能阅读。即便读这三遍之时中断数次也无所谓，这 100 分钟被分割成数段也无所谓。总之我们要做的就是利用一切可利用的时间。

如果有十分钟空闲时间的话，正好用来读第一遍。趁着在咖啡馆小憩的机会，我们可以读第二遍和第三遍。读到一半中断了也没关系，可以夹好书签，等下次有时间再读。

还可以用这种方法：如果通勤时间是 30 分钟的话，可以带 3 本书，每本书都只读第一遍，第二遍可以等第二天再读，而第三遍的时间则可以另行安排。

将这一系列流程融入到日常读书习惯当中，我们的阅读就会越发得心应手。如果决定以一星期为一个周期的话，也要计划好这三遍都在什么时候读。只要养成习惯，不管是一天内读完，还是一星期内读完都无所谓。

随着“100 分钟读书法”造诣的加深，我们也会变得越发自信起来。如果能够精准地把握书的脉络结构，一本书就可以一气读完，我们的阅读速度也会随之大幅提升。

当我们能够在 10 分钟内迅速掌握书的脉络结构时，那感觉就如同是发现了金矿，又好像是雄鹰发现了猎物一般欣喜。此刻我们会望得更加高远，处理相关信息时也更加得心应手。此外，我们在读第二遍时或许会有意外的发现，而在读第三遍时，更会引发我们更进一步的思考。

以这样的方法读 10 本书左右只会生出些许的感触而已，读 20 本左右或许才能找到些门道，而要想找到感觉，则必须要经过

30 本书左右的阅读实践方可。

这也是我主张要养成习惯的原因之一。任何事都要经过孜孜不倦的努力才能取得成功。不肯埋头苦干的人无论做任何事都不会顺利。

成功的条件有三点。第一点就是要有势在必得的意欲，这对于我们的人生而言有着重大的意义。第二点我们引用歌德的一句话来说就是，若想完成一部大作，从小处做起。任谁都无法一举成就大事，一步一个脚印，循序渐进方能成功。第三点就是凡事都要日积月累。

如果做起事来毫无干劲儿，或是虽有干劲儿能力却有不及的话，也无法取得成功。如果上周完成了计划，而本周却因有事而无法坚持的话，同样无法成功。要想成功，三个条件缺一不可。

为什么成功人士普遍能力较高呢？原因就在于他们都善于培养自己良好的习惯。光靠干劲儿所能达成的成就毕竟有限，只有养成良好的习惯，才有望使自己的能力不断得到提升。

对毫无阅读价值的书，应当即放弃

对于毫无阅读价值的书，我们应该怎么办呢？我会立刻放弃。

在经济学当中，有沉没成本和机会成本之说。

之前发生过的，且无法回收的费用我们称之为沉没成本；而机会成本指的是放弃眼前的利益，而去追求有可能发生的更大的利益时，这个被放弃的眼前利益就是机会成本。

例如有人花 1800 日元买电影票看电影，开场 15 分钟之后他才发现这是一部烂片。但由于已经花了 1800 日元买票，所以无论如何也要坚持把电影看完。这类人我们称为“沉没成本派”。

但有的人则不然，他们观影 15 分钟以后，觉得剩下的 100 分钟如果用来看书或是工作的话，或许会有更好的收益，所以立刻起身离开了电影院。这类人我们称为“机会成本派”。

沉没成本派通常都难以成功，因为他们认识不到机会成本的作用，不会随机应变。他们沉溺于过去的付出当中无法自拔，以至于无法正常思考。

而机会成本派一旦觉察有什么不妥，就会随机应变。看电影如此，工作和恋爱等也是如此。他们绝对不会放过任何机会，勇于接受任何挑战。

读书也是如此。有时候一本书随便翻上几下，就能从直觉上判断这本书到底有没有阅读价值。如果觉得一本书没有价值，我们就应该当即放弃阅读，这也需要勇气。

为什么要放弃呢？因为这会占用我们宝贵的阅读时间。这些都是我们自己的意志所能决定的，只要我们肯放下这些沉没成本，放弃并非难事。

我们花 1500 日元买下一本书，后来发现根本就不值一读，却又因为花了 1500 日元而不肯弃之不读。让我们转化一下思维，如果放下这本书，转而去读对我们的人生更加有价值的书，收益肯定会更高。

致力于培养想象力，会增强我们遇事时随机应变的能力。只有这样，我们的人生、我们对时间的利用才会更加高效。我们要经常考虑这样一件事，那就是放弃之后应该怎样做，放弃之后的时间应该如何有效利用。

对待任何事情，我们的态度一定要明朗且坚决，这一点非常重要，而且今后会越来越重要。

美国人总是有些个人主义，凡事态度鲜明，即便是有违和谐，他们也仍然会将自由摆在第一位。而日本人却往往做不到这一点，这也是日本人的特征之一。

从积极的意义上来讲，个人主义代表着自信，较之客观存在的外部事物，有时他们更相信自己。

较之美国人，日本人更倾向于以和为贵，或者也可以说，日本人更加重视整体秩序。也正因为如此，日本人在发表自己的意见时，总是要先考虑会对整体造成什么样的影响，如果个人利益和整体利益相冲突，他们往往会选择沉默。

因此，我在庆应义塾大学任教时经常会告诉学生们，暂时先把审时度势的那一套放在一边，要培养勇于说出自己想法的意识。

为了能让他们说出自己的想法，在我的课上不一定非要举手发言，我经常主动询问他们的想法。人在任何情况下，都一定要有主见。

没有主见的人最没有存在感，无论在任何一个组织当中，这种人都是最容易被其他人取代的。因此我一直告诉我的学生们，无论何时何地，都要勇于说出自己的所思所感，因为这对我们每一个人来说都很重要。

读书时也是如此。的确，每一位作者都很伟大，而我们自己却是渺小的。但我就是我，在我们孤独的人生旅途上，与我们相伴的只有自己，故此我们要不断培养自己的能力。

我们永远无法抛弃自己，即便自己一无是处。因此，我们有必要一边读书，一边倾听自己的心声。

将人生的决定权掌控在自己手中

我们经常教导孩子，告诉他们即便大人的意见是正确的，也一定要有自己的想法。这样成长起来的孩子长大以后，才有可能具备自主思考的能力。

也只有这样成长起来的孩子，才能在必要的情况下说出自己的意见和想法。

只有具备了自主思考能力，并且勇于说出自己的想法——至少也应该具备自我意识，只有这样的人才有可能成为有用之才。

有些人没有主见，即便有想法也无从表达，这种活法对他们来说或许比较轻松，但长此以往，他们必将会成为他人的附属品，其人生也将任由他人支配。

日本很多的家长对自己的孩子关爱有加，甚至有些孩子就连自己做决定的权力都被家长剥夺了，这样一来，孩子们自然就丧失了在错误中摸索前行的机会。

诚然，遭受挫折可能会让人在短期内非常痛苦，为了不让自己的孩子受苦，家长便剥夺了孩子的决定权。

在美国及法国等国绝对不会如此。等孩子三四岁时，他们就会在外出就餐时让孩子自己点菜，即使点的菜是辣的，孩子们也能从中获取宝贵的经验。这样做非常有助于培养孩子的自主思考能力。而日本的家长往往会事先告诉孩子："这道菜是辣的。"

我们有很多经验都是从失败当中得来的。但要是在儿童时代被家长剥夺了做决定的权力，长大成人以后就可能会丧失自主决断的能力。自己无法做出决定，自然也就无法自负其责。

一旦体会到不用负责任所带来的快感，这个人也就彻底丧失了自我意识，此时即便有人问他作何感想，他也无法说出自己的真实想法。究其原因，就是因为他从来都没有过遇事自主思考的经验。

要想表达自己的意志，就一定要跟自己进行对话，自主思考。但如果没有跟自己对话的过程，那么这个人一定会连自己喜欢什么、为了什么而努力都不知道，甚至连自己的思想与感受也一并失去了。

另外一方面，某些团体、公司及学校也在无形当中促成了这种情况的出现。于是，越来越多不具备自主思考能力，也无法自负其责的孩子便应运而生了。

时代在不断变化。将来，没有主见的人将会被机械、电脑或智能机器人所取代。

今后需要的是具有创造力的人才，只有这类人才是电脑无法取代的。

在这个没有标准答案的世界，创造力变得越发重要起来，而创造力则是人工智能所不具备的。

如果凡事都有标准答案的话，只需上网检索即可得出答案。但将来需要的是通过人的自主意识去选择和探索答案的能力，这也是人类优于人工智能或是电脑的唯一亮点，更是我们人类免遭被人工智能及电脑取代命运的最后防线。

我们活在这个世界上，当自己的选择成为正解的那一瞬间，我们才意识到选择的重要性。我们做出选择的那一瞬间，就已经下定决心，一定要通过努力让自己的选择成为唯一的正确答案。

对于我们而言，未来的抉择将会变得无比重要。

调整至“非日常模式”的要点

读书跟旅行有点像。旅行主要就是看，除了看以外，还要用心去感受自己所看到的一切。这就是我对旅行的看法。

但其实到了观光地之后，往往是走马观花的人居多。用智能手机或是纸笔将自己的感受记录下来的人简直是少之又少。

我们在读书的时候大抵也是如此，走马观花地读过之后说不出丝毫感想的人居多，读完之后能够说出自己感想的人极少。

无论是旅行还是读书，几乎很少有人过后还会有什么感想，所以对于能够说出自己想法的人，我是十分佩服的。

这些人不管看到任何事物，心中都会有所感悟。他们无论是读书，还是待人接物，都不会让自己沦为配角，更不会轻视自己。

旅行原本就是一场自己跟自己的对话，无论我们走到哪里，另外一个自己都会如影随形。读书更是如此。书对于我们而言，就是我们未曾涉足过的另一个世界，是一种“非日常”的事物。

“日常生活麻痹着我们的理性”，马丁·海德格尔曾经这样说过。这句话充分说明人们在熟悉的环境中很难会产生新的思维。将自己切换到“非日常模式”，我们平日里从不曾感受到的灵感就会汩汩而出，有如泉涌。

将非日常变成日常，将日常变成非日常，这就是旅行的魅力之所在。在非日常状态下，我们会注意到自己心中重要的东西，而这些我们平时从来就没有注意过，抑或还会有许多富有创造性的想法浮现在我们的脑海当中。此刻，最重要的事情莫过于将这些感受与想法记录下来了。

读书时我们也处于一种非日常的状态。当我们进入这种状态时，千万别忘了带上另一个自己。在这个“非日常”的、崭新的世界当中，我们要扪心自问，看自己到底有何感受。

我的读书法像极了旅行。我旅行时绝对不会看旅行手册，而会在到达目的地后手绘一幅导览图。我这样做的目的就是要对观光地的情况有一个大体的了解，这一点非常重要。而后，我会坐上观光巴士，每游览一处景点，就在自己手绘的地图上做上标记。

首先，我会坐上巴士，一边了解当地的大体情况，一边筛选出自己想要游览的景点。选定目标之后，我就开始制定游览日程，比如说要是滞留 3 天的话，应该先观览哪些主要景点。

这有点像我们读书时读第一遍的情形。首先我们要先浏览目录，再将整本书翻看一遍，掌握全书的整体结构。接下来，我们就要合理安排第二遍和第三遍的时间，然后开始读第二遍。

为了找出在这 3 天之内值得一看的景点，我选择在一开始就乘坐观光巴士。因为这样一来，即便眼前有什么诱惑，我也依然能够纵览全局。接下来，我决定以一半“计划”、一半“邂逅”的方式进行游览。

到了主要景点，除了观览前街，后巷也要转一转，因为后巷里或许会有我想要的“邂逅”。只有亲手绘制导览图，再乘坐观光巴士转上一圈，才会不枉此行。

读书也是如此，只有读第一遍抓住重点，才能在读第二遍时顺利找到值得游览的后巷，找到我们想要的“邂逅”。读到第三遍时，我们才能充分享受到“非日常”带给我们的快乐。

第 4 章

阅读第二遍：用 50 分钟详细阅读

CHAPTER FORE

●读第二遍时，在掌握整体结构的基础上，我们要把精力主要放在细节上，有意识地找出对自己有用的部分。

●建议大家手中要有笔，不管是荧光笔还是红色圆珠笔，遇到感兴趣的地方就划上线。

●我们一定要弄清楚自己读书的目的到底是什么，究竟是要获取知识，还是要提高自身素养，抑或只是解一时的燃眉之急。

●我们通过探索古典书籍作者的人生、洞悉作者写书的原因、洞察其时代背景，便可以深化对古典书籍的理解。

●自我启蒙类书籍有八成都没有必要读。

既要掌握整体，又要注意细节

本章介绍的是在“100 分钟读三遍”读书法当中，读第二遍时需要注意的问题。读第二遍时要理解书中的具体内容。

我们读第一遍时是略读，同时还要计划好读第二遍所需的时间。关于这个问题，我常常会以参加派对为例进行说明。

我想大家都经常去参加派对吧。比如说我们要去参加一个有 200 人的派对（就好比一本书有 200 页），首先我们不可能一直与最先见面的 3 个人交谈，直至派对结束。要是这样的话，这个派对也未免太过无趣。但要是和到场的 200 个人每人对话 1 分钟显然也不太现实。

我们去参加派对时，最初的 10 分钟要用来掌握派对的整体情况，比如说大致上有几个小群体、来的都是什么人等。这就相当于读书的第一遍。

而后可以到每个小群体那里都转一转，这就相当于读书的第二遍，即对各个章节进行深入阅读的阶段。剩下的时间就要和自己感兴趣的群体（章节）或个人（页或段落）进行重点交流，并与其交换名片及联系方式。

从此以后，我们将会终生都跟这些人保持联系，他们将会让我们的人生变得更加丰富多彩。

为了能够与这些重要人物（页及段落）顺利邂逅，我们在读第二遍之前要做好充分的准备，分配好时间及精力，这一点非常重要。

读第二遍时，在掌握整体结构的基础上，我们要把精力主要放在细节上，有意识地找出对自己有用的部分。

能力超群的人可以做到同时远望和近观，他们能够同时使用望远镜和显微镜进行观察。因此，他们除了视野开阔，对细节的感受、注意力及观察力也很优秀。

既要放眼全局，又要注意细节。这就是我们花费 50 分钟读第二遍时所要做的。我们读第一遍的时候，要总结出一行左右的核心内容，这部分内容就相当于树木的根。读第二遍时，我们的目的就是要捋着树根找到树干和树枝。

此刻我们要极力排除树叶对我们的干扰。提高信息处理能力除了要具备处理大量信息的能力，还要具备甄别筛选有用信息的能力。

除了要在阅读的内容上花上一番心思，我们也不得不在内容甄别筛选方面花费一点精力。因为如此一来，我们就可以将我们有限的精力，投入到更加有效的阅读当中去。

有个专业词汇叫作“预处理（Pro-Programing）”。在大规模生产当中，预处理方式得到了广泛运用。丰田在其生产过程当中，将彻底杜绝浪费提到了一个新高度，因为这直接关系到生产率的高低。

丰田的技术人员甚至做过这样的实验：他们留心观察劳动者在生产时的动作，试图通过减少无用的动作来提高生产效率。当然，其整个生产线的设定更是事先经过反复科学认证的。

读第二遍时，我建议大家手中要有笔，不管是荧光笔还是红色圆珠笔，但最好还是黄色荧光笔。遇到感兴趣的地方就划上线。可以说第二遍就是为了划线而读，第二遍也无需深入阅读。

我们去旅行时，已经事先在自制的游览图上标注了自己想去的景点。划线作业就好像观览心仪景点的具体景观，对于有价值的景观，我们再次将它标注出来，以便再次游览。

50分钟要读200页，我们的时间并不充裕，重要的是一定要在规定时间内读完。划好线之后，第三遍我们要进行更加深入的阅读。

快速找到适合自己的书

关于选书和买书的问题是阅读中非常重要的问题。我认为书的功用不外乎以下两条：首先是提高自我修养，再者是为自己的人生做准备。这两者最好是分别对待，不要混为一谈。

提升自我素养的书籍要绝对理性地去读，这类书籍通常比较枯燥乏味。

要想提升自我素养，就要从人文领域着手。

其实学问这种东西原本是没有什么学科领域之分的。古代名人的知识都是由家庭教师传授的，贵族们的家庭教师在传授知识时根本就没有学科的概念，不管是数学，还是文学，只顾埋头教授。

自从高等教育出现以后，人们才将以往的学问强行划分成若干学科。

因此，我们读书时也不必在乎是文科类还是理科类，也不用管是自己喜欢的学科还是从未涉足过的学科，都要去尝试一下。

如此一来，我们的见识就会远超旁人，学识也会越来越渊博。

如果照此需求买书的话，各学科、各领域的书籍将会堆积如山。但现在只买书、不读书的人似乎也不在少数，所以我们买书的时候一定要弄清楚自己是否真地需要。

在选购书籍的时候，我们一定要在头脑中仔细思考此刻自己需要的到底是什么。这就是判断是否需要购买这本书的标准。有效控制了购书无度的情况后，下面需要做的就是捡起之前购而未读的书籍，试着读上一读。这样一来，自己到底需要什么样的书这个问题的答案就变得越发明了了。

只有这样，我们读书的进度才有望大幅提升。但我们的目的并不只是浏览购而未读的书籍，而是要搞清楚阅读书目的优先顺序。

要搞清楚这个问题，最好的办法莫过于想想自己最近出了什么状况。如果是干劲十足却又难以出成果的话，或许就应该读一些相关专业书籍来充实自己；如果感觉自己记忆力不好、状态不佳的话，或许就应该找一些关于学习方法的书来读。

在我们的一生当中，总会出现这样那样的状况，或是人际关系出现问题，或是偶尔无法控制自己的情绪等。这时我们就需要抽出一点时间，哪怕只有几十秒钟也好，针对自己所面临的问题，有的放矢，而不是漫无目的地去选择要读的书籍。

另外，读什么书也可以根据自己的心情来决定。就好像我们吃东西一样，或许今天想吃点油腻的，明天就想吃点蔬菜，而后天又想吃意大利面，不可能每天都想吃同样的东西。

我们要经常扪心自问，自己究竟要读什么样的书。或是叙事类书籍，抑或是管理方面的书，要根据自己的情况而定。

对于早已购买而尚未阅读的书籍，千万不要试图依序一一阅读，而是要根据自己当时的心情来选读。

书的有趣之处在于它的价值并非一成不变，而是会随着人的心境、目的及意志的改变而改变。不要被动地读书，要根据自己的心情及需求来选择要读的书。人的处境发生变化时，需求自然也会随之改变，要根据实际情况做出恰当的选择。

如此一来，我们就能够从购而未读的书籍中选出合适的来读，从而逐渐减少其存量。

读书这件事本身对我们来说有着重大的意义。购书这件事与我们的人生也有着莫大的关系，因此，即便是购而不读，其行为本身也有着非比寻常的意义。

在今天这个信息爆炸的时代，在网上就能找到大把有用的信息，如果挑选书籍的时候不好好下一番功夫的话，就会有把金钱浪费在烂书上之虞。

与其将金钱花在烂书上，倒不如把钱花在互联网付费服务上，因为同样的价格在网上可以得到更加超值的服务。由此可见，具备筛选优秀书籍的能力是多么重要。具备了这个能力，我们手中的优秀书籍一定会越来越多。

如果购入了大量的劣质书籍，那么优秀的书籍就有可能会被尘封其间。

买书的时候，我们一定要以近乎苛刻的眼光去挑选。

如果你买书的时候能够成为一位挑剔的消费者，那么就一定能够成为一名睿智的读者，这世间也一定会有更多的优秀书籍增印、存世。

商务类书籍的正确阅读法

有些书虽然能够解一时之急，但是事情过去以后就派不上任何用场了，这是不争的事实。但在这个世界上生存，有些知识的确需要现学现用。这些知识就是用来解决燃眉之急的，因此，此类书籍的重要性不言而喻。我们要根据自己的具体情况来选择此类书籍。

关于信息产业界最新信息的书籍总是能上畅销书排行榜，其原因在于此类书籍非常注重时效性。之前我们已经介绍过，我初到日本之时，想从事别人从未涉足过的学科研究，于是就选择了多媒体。在这个领域中，只有领先别人一步获取知识和信息，才有可能让自己在竞争中处于优势地位。

要想先人一步获取知识，读书是个不错的方法。但我们一定要明白，此类阅读只不过是一种速成的手段罢了。

我们一定要弄清楚自己读书的目的到底是什么，究竟是要获取知识，还是要提高自身素养，抑或只是解一时的燃眉之急，这一点十分重要。

如果是要获取知识的话，那么最好的方法就是以惊人的阅读量来解决这个问题。

我们要熟悉某地的环境，只能靠实地勘察来解决。同理，如果阅读了某一行业或领域的相关书籍，其中的内容及种种纷繁复杂的关系自然也就会明了。

其实只要理清其中关系，行业或是领域的概况也就一目了然了。

当我试图理解某一事物时，我会从以下三个方面着手，即：要点、关联性及整体概况。

首先要抓住要点，其次要了解各个要点之间有何关联，最后要弄清楚其总的发展方向。此三点缺一不可。

这也是企业经营者或管理者必备的素质。企业的经营者不但要了解每一位员工，还要了解他们之间的关系，这样才能让经营活动更加灵活有效。

最后，在了解整体状况的领导的统一带领下，企业上下才能团结一心，商务活动才会更加高效。

在这三方面因素当中，尤以对要点的理解最为重要，而要做到这一点，则需以量取胜。

下面我们以英语的学习为例进行简单的介绍。在学习英语上面，我认为单词的积累非常重要，单词量甚至要超过以英语为母语的人。每个单词都可以被认为是组成文章的要点之一。就在记忆单词的过程当中，就在不知不觉间，突然有一天我们发现，自己居然能在一定程度上理解文章的含义了。这是因为我们理解了单词与单词之间的关系的缘故。接下来，我们要做的就是要弥补自己的不足，了解其整体的发展方向即可。

当我们有意涉足艰深的科学技术时，可以从基础技术以及重点技术着手。读 3 至 5 本该领域的相关著作后，基本上就能够掌握这个领域的概况了。

即便是最新科技，读上 3 至 5 本相关著作以后，我们也能说出个所以然。如果想深入了解的话，自然可以多读几本，但如果只做初步了解的话，三五本书就已经足够了。

那么这种情况下我们应该怎么选书呢？这时候其他读者的书评就派上用场了。较之广告宣传，对我们来说，个人的评价显然更有参考价值。

此刻我们要具备辨别高质量书评的能力，不要为那些不知所云的书评所迷惑。

准备读一本以上同一类别的书籍的话，难免会担心书的内容是否重复或者相近。其实只要具备了高超的选书技巧，就完全没有担心的必要。选书时有一点一定要注意，那就是不要选内容过于深奥的书籍，而要选择一些概论性质的书来读，因为概论会让你对这一领域的概况有一个大致的了解。

阅读商务类书籍时，经常会遇到自己所不熟悉的知识和用语。遇到这种情况，可以像英语阅读那样，即便遇到自己不知道的单词，也不要停止不前，而要运用自己的理解能力，推测其在文中的意思。

相信同样的语汇或单词在后文中一定还会出现，所以我们还要凭语感进行进一步判断。总之，要学会凭语感去推断某个语汇或是单词的意思，这一点非常重要。

同一个语汇在一本书当中屡次出现，我们就能透过文脉逐渐明白它的含义。另外，在文中数度出现，恰恰也说明了这个语汇的意义非比寻常。

面对陌生事物，对其不甚了解实属正常。深入了解陌生事物往往需要花费大量的时间，但既定的读书计划却又不允许我们在这上面耽搁太久。读书时如此，与人相处也是如此，重要的人物也总是会屡次碰面。

一般而言，我不建议读商务类书籍时花费太多的时间。重要的内容会重复出现数次，而只出现一次的内容显然并不十分重要，我们更没必要把时间花费在这上面。

如果有的是时间的话，我们自然可以不弄清楚这些语汇的意思誓不罢休。其实即便不这样做，这些语汇也会在后文中再次出现，如果不出现的话，那就说明它只不过是一个无关痛痒的插曲罢了，完全没有必要为它大费周章。这就是商务类书籍正确的读法。

读古典书籍要充分了解作者的时代背景

古典类及修养类书籍看似暂时派不上什么用场，但对我们的人生而言却是益处良多。很多人或许认为此类书籍与现实相去甚远，但我却认为，最能触动我们心灵的东西，恐怕非此类书籍莫属。

不能与此类书为伴的话，真是人生一大憾事。相反，如果有此类书相伴的话，我们的心灵就会变得充盈而强大，我们的人生也将不再有迷惘和彷徨，取而代之的则是勇往直前的无畏和勇气。当然，觉得古典生涩难懂的人一定不在少数。

例如当我们读塞内卡的《论生命之短暂》岩波文库旧译版时，就会感觉十分生涩难懂。较之旧译版，超译版则十分简明易懂，很容易引起读者的共鸣。究其原因，就是因为译者已经帮助读者将那些纷繁复杂的现象以及事物的本质生动地还原在读者面前的缘故。

事物的本质万古不变。只要掌握其本质，旧译版的岩波文库也就不那么艰涩难懂了，而且古朴的语言更让人觉得回味悠长。

修养类或是古典类书籍不能拿过来就读，要事先进行知识储备后再读，例如事先掌握这部古典著作具有什么样的价值及其基本构成等重要信息，这一点极为重要。阅读古典之前做不做准备，其效果差距明显。

如果能够掌握作者的相关信息的话，那么我们对古典的理解就会更上一层楼。随着对作者了解不断深入，我们在读书时就会像是在跟作者进行面对面的交流一样。

我们通过探索某一古典书籍作者的人生、洞悉作者写书的原因、洞察其时代背景，便可以深化对古典书籍的理解。

对于古典类书籍，虽然我们无法完全掌握其文脉，但通过对作者生平的调查，就可以掌握其中部分内容。与此同时，也能增加对作者的亲近感，这样一来，即便作者使用的语言比较深奥难懂，我们也不至于读不下去。

塞内卡曾任罗马帝国第五任皇帝尼禄的家庭教师，后来又在政治上对其进行辅佐，但最终因受到尼禄的猜忌而被迫自杀。读者知道这些背景以后，对其作品《论生命之短暂》的背景就会有一定程度的认识。

古典书籍包含的知识世界浩如烟海。增强对古籍作者的了解，非常有利于增进我们对其著作的理解。同时，如果我们因此喜欢某一位作者的话，也一定会被他的其他著作所吸引，不把他的作品全部读完誓不罢休。

前面我们已经说过，我建议大家先从以下4人的著作开始读起，即：塞内卡、尼采、叔本华和歌德。如今，通过网络我们很容易就能搜索到这些哲人的相关信息。了解他们的大概情况以后，再读他们的著作，一定会觉得格外有趣。这样一来，我们阅读的速度一定会突飞猛进。

无论是尼采、叔本华，还是歌德或塞内卡，他们在著书方面都有很多趣闻轶事。我们阅读古典书籍的时候，其中总会涉及另外一些古典，这是因为能够在古典的世界占有一席之地的人，他们对当时的古典一定是了然于胸的。

三岛由纪夫曾经说过，古典书籍中记述的都是普遍性真理。

我们读了塞内卡，再去读尼采、叔本华以及歌德时，就会发现塞内卡也会出现在他们的著作当中。其实除了塞内卡以外，其他三人都生活在同一时代，所以他们也有交集，甚至会互相引用彼此说过的话。我发现，他们对于生死的态度似乎有些不同。

另外，《三国志》也是一本非常有趣的书，只不过最初的100页读起来有些吃力，但等到对出场人物的关系有了一定的了解之后，这本书就会变得有趣起来。所有的古典书籍都是如此，只要我们了解了其中的关系及关联之后，就会感觉乐在其中。

读懂古典书籍并不难

对于刚刚接触西方古典名著的朋友们来说，我建议先从《歌德谈话录》读起，其作者是爱克曼。爱克曼非常崇拜歌德，年轻时就想投入歌德门下求学，于是就成了歌德的秘书。

他在此期间的日记就成了日后的《歌德谈话录》。爱克曼在日记中记述了他与歌德之间的对话，其内容甚至包括歌德见过什么人、穿过什么衣服、吃过什么东西等琐碎的内容。歌德论述得晦涩难懂的内容，爱克曼的日记却记述得十分简单易懂。

而且，他在日记中还记述了歌德人性化的一面，比如说歌德嫉妒别人时的样子等，读起来让人觉得乐趣十足。虽然爱克曼的工作只是处理一些琐事，但歌德还是经常给予他孜孜不倦的教导，其中更有许多耐人寻味的场景。有时候爱克曼虽然已经明白歌德的意思，但他还是静静地听着。

关于名人的记录，很少有如此详尽的。从这个意义上来说，《歌德谈话录》具有极其珍贵的价值。读过这本书之后，我们对歌德已经有了一个大概的了解，这对加深对歌德著作的了解来说意义重大。

在中国的古典当中，最为有名的要算是孔子和老子了。但突然拿出一部《论语》让我们来读，我们一定会不知该从何读起。我们首先要做的就是了解孔子和老子的生平。

孔子是儒家学派的创始人，他主张各个阶层都要各安其分，他的思想在当时的时代并未得到统治者重用。但由于他的思想代表了统治阶级的利益，故此后世历朝历代的统治者都极度推崇乃至尊崇他的思想。马基雅维利《君主论》中的观点与孔子的思想如出一辙，也是逢迎统治者，并且希望自己能够成为当政者的顾问，但最终他的理想在当时也未能实现。

而老子则是对权威持完全否定的态度。老子通过“空”及“水”等概念，来表达心的超然与空灵。

了解了上述背景以后，我们就可以带着自己的观点去读《论语》了。在日本，人们都奉《论语》为经典，但如果了解了孔子的生平之后，就会明白孔子的思想究竟为何如此，进而就能够以批判的态度去读《论语》了。

了解了作者生平，还能够让我们更好地去欣赏艺术。冈本太郎曾经说过，艺术品与艺术家是密不可分的。

对作者有了一定的了解以后，无论是品读还是欣赏，其感觉与之前一定会大不相同。

我在意大利佛罗伦萨居住期间，每天都会去中央市场买菜，然后回家自己做饭。有一次，我在书上看到说莱昂纳多·达·芬奇每天也会去中央市场买菜自己做饭。

我觉得自己已经和艺术融为一体。此刻于我而言，莱昂纳多·达·芬奇似乎已经不再是活在过去的名人，而成了住在附近的友人。此刻，达·芬奇好像就活在我们中间。

他留下诸多伟大的作品，其实这些作品中的人物形象都是以市井间的小人物为原型进行创作的，了解这些之后，我对他的崇敬之情就愈发溢于言表了。在此之前，他的作品在我眼里，只不过是一个天才的伟大作品罢了。但此刻我才意识到，天才的世界并非是无法想象的，莱昂纳多·达·芬奇也只不过是一个像你我一样的普通人罢了。

了解了作者的生平之后再去读他的著作，作者的声音仿佛就回荡在我们的耳畔……

提高自我修养的途径

我认为，阅读修养类及古典类书籍的意义就在于，它们能帮助我们冲破那道当代学校教育系统划定的藩篱。

上高中时要分文理科，上了大学以后，更划分了诸多的专业。其实人文修养本不应划分什么领域，无论是数学、天文学，还是文学，都属于人文修养的一部分。

人们为了提高效率，才划分了诸多领域，使得整个社会就像一条巨大的传送带一样循环不休，就好像是卓别林的电影《摩登时代》中所描绘的那样。

但是人不能仅仅为了物质上的效率而活。除此以外，还有家庭、爱、精神生活以及工作等。生活应该是多姿多彩的，我们的内心世界也应该包罗万象、无所不容。

我们不应该仅仅局限于世人为了提高效率而划分的学科领域，因为这会限制我们的精神世界。

为了消除世俗的学科领域划分对我们的影响，最好的办法就是在读书时不分学科领域，各领域的书籍都要涉猎。如此一来，世俗社会所划定的藩篱便在一瞬间消失得无影无踪，所有的学问在我们的精神世界中融为一体，我们也因此能够自主判断、思考和决策。

至此，我们的人生才能够完美无瑕，我们才能够成长为一个和谐、完美、高洁而诚实的人。

我们要勇于冲破由世俗所界定的学科领域的藩篱，让我们的人生更加全面而多彩。而自我修养则是用以冲破世俗藩篱的最佳手段和武器。

提升自我修养是我们人生中最值得欣喜的事情。昨日还是未知的事物，今日却已经轻车熟路，这将是何等的欣喜！我们将不再对新的学科领域心存恐惧。通过阅读，我们的世界将会变得越来越广阔。

读书让这一切成为可能。通过读书得到的间接经验，使得我们的世界得以不断向外延展。用电脑来打比方的话，提高人文修养就相当于换一个新的操作系统或是将操作系统进行升级，其带来的效果就是性能的大幅提升。人文修养这个“操作系统”是会自我维护和升级的。

电脑只有安装了操作系统以后，才能安装其他应用类软件。如果电脑里安装的是一个糟糕的操作系统，那么我们就极有可能因为兼容性的原因与优秀的应用软件失之交臂。

阅读人文修养类书籍让我们得以全方位享受人生，同时也让我们得以获取必要的学识。

我在大学里当老师的时候，甚至想过如果自己有孩子的话，我一定会让他进入美国的人文学院学习进修。我不会让他在细分化学科领域在成绩方面与其他人奋力竞争，更不希望他接受模式化、体制化思维的教育，我只希望他能够接受纯粹的人文素质教育。我希望他能够尊重他人，并能自己发现课题，能够通过自己的努力成就一番事业，仅此而已。

我不喜欢注重“理解”的学问，而喜欢注重“设计”的学问，而我在庆应义塾大学湘南藤泽校区的政策媒体研究科所教的正是一门关于“设计”的学问。能够在这里任教，我觉得自己非常幸运。

政策媒体研究科的教学活动并非是让学生了解社会的动向，而是致力于研究如何改变这个世界。人们通过不断的创造来改变这个世界，我们要做的则是要找出创造所需要的素材。

这样一来，我们这个学科所涉及的范围就非常广，诸如社会问题、融资、技术、写作、商务策略等方面的知识都是不可或缺的。

人们在筹办一个新项目时，需要做好各方面的准备以策万全。举个例子来说，绝不能因为是文史类项目就将数学排斥在外。只有企业当中才会出现劳动分工的现象，要是无法摆脱劳动分工的束缚的话，就会永远无法冲破企业的藩篱。

社会中的每个人都是一个独立的个体，都需要不断充实和完善自己，因此，人文修养必不可少。我们要摒弃学科的局限，在知识的海洋中自由游弋，只有这样，我们的精神世界才会更加充实，更加丰富多彩。

自我启蒙类书籍中的八成都没有必要读

在喜欢读商务类书籍的人当中，有很多人也对自我启蒙类书籍情有独钟。我的意思并不是要全盘否定自我启蒙类书籍，但我认为，此类书籍中的八成都没有必要去读，因为万变不离其宗，此类书籍翻来覆去写的都是同一个道理。

自我启蒙类书籍的源头皆指向爱默生的《相信自己》或是阿德勒的《自卑与超越》，抑或是拿破仑 · 希尔的《思考术》。既然如此，那么我们只需读爱默生、阿德勒或拿破仑·希尔就可以了。

至于其他的自我启蒙类书籍，都只是在以上三人著作的基础上演化而来的。

除了以上三人，尼采和叔本华也是不错的选择。但他们的著作都属于哲学著作，阿德勒跟他们比起来，就简单易懂得多了。

阿德勒将毕生的心血都奉献给了儿童教育事业。他是以人生为主题进行自我启蒙类书籍创作的第一位作家，他更创建并完善了个体心理学理论。

直到最近，日本人才开始关注阿德勒，其著作《被讨厌的勇气》销量竟也随之攀升至上百万部。其实早在30年前，日本就已经有人开始关注阿德勒了。

我不赞成花时间去读自我启蒙类书籍的另外一个原因就是，从文艺类书籍当中也能找出此类书籍的要素，而且较之文艺类书籍，自我启蒙类书籍文笔优美的实在太少了。

书籍的魅力一方面在于其内容，一方面在于其文笔。比如我们在读三岛由纪夫时，其内容固然精彩，其文笔自然也是不遑多让。

然而我们在读大前研一的时候却从不奢望会有什么优美的文笔，因为他的追求根本不在于此。较之优美的文笔，他更重视新颖的思维和洞察世事的能力。

商务类书籍重视的是内容，故此没有必要在遣词造句上大费周章。而我们在阅读此类书籍时，需要的也是其实用性，只要有助于我们解决具体问题，那就足够了。

我们阅读商务类书籍的目的是为了将其付诸实践。人文修养类图书也是如此，如果我们读过其他同僚不曾读过的著作，那么我们处理问题的技巧和手段必然会高人一筹。

因此，商务类书籍只要能在工作中得到应用就足够了。商务类书籍能够立竿见影地提高企划说明会的质量，而人文修养类图书则似乎与我们眼前的工作毫无关系。但事实绝非如此，恰恰只有远观，我们才能感受到人文修养类书籍带来的震撼。

人类经历了农业时代、工业时代和信息时代。人类进入信息时代之前，注册会计师和律师曾经备受推崇。但今后的时代是创新的时代，无论是创意经济、设计经济，还是风格经济、体验经济，创新都是它们共通的主题。

今后的世界将不再是模仿的世界，而是创造的世界、不断开拓进取的新世界。如今所有的信息，都能在互联网上检索出来。

也正因为如此，能够在互联网上检索出来的信息，根本无法成为决定成败的关键性因素。决定成败的因素既非计算，也不是信息，更不是单纯的知识。

迄今为止，人类的智慧仍然是人工智能所无法企及的。当然，人工智能无论在知识量还是检索速度上，都远胜人类，这一点毋庸置疑。

有些情况是人工智能无法应付的，它随机应变的能力远不及人脑。只有人脑才能够充分考虑变量带来的影响，并做出合适的抉择。

为此，我们要充实我们的理论，理论经过实践的磨炼，就变成了智慧。就像我们之前说过的那样，知识就相当于食材，理论就相当于烹饪方法，就在烹饪的过程当中，我们拥有了智慧。

这三者之间的区别在于，越接近智慧，其层次也就越高。很多人停留在知识的层面，这也就是说，他们只是搜集到满意的食材就心满意足了。只注重纯粹的知识，就相当于吞食未经过调理的食材一样。

今后的时代，要求我们不断提升自身的附加价值，这样我们才不会被其他人轻易取代。为了生存下去，我们只能不断思考如何才能让自己更具智慧。

我们需要一种无论是其他人或是电脑都无法企及的能力，那是一种模仿、设计、创造和想象的能力。其中创造力和想象力至关重要。

至此，人文修养这套操作系统方才能够物尽其用。

从优秀的作者那里知道另一位优秀的作者

前面我们已经说过，读书就好似掘金，要竭尽全力，从无数的碎石当中找出金子才行。其实有些书当中悉数都是金子，比如美国的社会哲学家艾力·贺佛尔的书就几乎全部如此。

《码头日记——劳动与思索》是一部自传性质的图书，读完这本书之后，我就买了艾力·贺佛尔的所有著作。7岁时，贺佛尔和母亲一起跌下楼梯，他的母亲去世了，他自己也因此而失明。但数年后，他又复明了。他非常担心自己会再次失明，于是开始拼命读书、学习。

另外，他还是一名码头工人，同时也从事其他季节性劳动。他以体力劳动为生，过着独居的生活，孤独如影随形。后来，他终于能够在加利福尼亚大学伯克利分校执教。他对社会的批判可以说是一针见血。

他的著作以社会评论及自我启蒙等类别的书籍为主，其内容主要是阐述社会与人之间的关系，日文引进版也都翻译得十分精彩。他对人内心深处的解读能力着实令人惊讶。他一针见血地指出：“激情是年轻人逃避现实的一种手段。”

这绝不是他对激情的彻底否定。激情源自于人的自卑情绪。正是因为有激情，人们才会对超出自己能力的事物发起挑战。这是年轻人的特权。

他在自己的书中赫然写道：我们成年以后，对事物的看法就会越来越冷静和客观，做抉择时也会尽量从大局出发，因此也就会很难有所创新。

虽然贺佛尔终生与贫穷为伴，但我们不得不承认，他活得着实非常精彩。他从事的是体力劳动，休息日与大家一起喝酒时，据说他也总是取出记事本在记录着些什么。

虽然我不断在向大家推荐“100分钟读三遍”读书法，但遇到此类书籍时，我的读书法就彻底失效了。不管是在时间的规划，还是在精力的分配上，读此类书时都要做出相应的变动。当我们随手翻看时，如果发现这不是一本普通的书，那么我们就要在这本书上面多花一些精力了。

当我们遇到这类书时，其喜悦程度不亚于邂逅了一位值得相伴终生的挚友。这本书将会一直陪伴我们，进入我们人生的荣誉殿堂，足以令我们品味终生。

要找到一本适合自己的书实在是一件难事。作者的价值观、语言表述以及书的内容，还有自己当下的处境等，都是我们选书的条件。如果能够找到一本所有条件都符合我们要求的书，那将是何等的喜悦！

我是看了松冈正刚写的一篇关于贺佛尔的书评以后才逐渐了解贺佛尔的。

优秀的人所介绍的，一定同样也是优秀的人，因为他们身边的人都与他们自身同样优秀。同理，一本优秀的书籍中所记述的，肯定也会是优秀的书籍。

我们可以在网上检索到任何一本书籍。例如输入“艾力·贺佛尔”的名字后，与其相关的著作就会一股脑儿地出现在电脑屏幕上。但首先你要知道艾力·贺佛尔这个人才行。

互联网上所载信息无数，但能否找到我们所需的信息，完全取决于我们能否找到合适的关键词，如果连关键词都不知道的话，那自然也就无从检索了。

掌握优秀作者的信息于我们而言意义重大。优秀的作者总会向读者推荐其他优秀的作者，毋庸置疑，松冈正刚便是其中一位。长久以来，我一直是岩波文库的忠实读者，读了松冈正刚的著作后，我觉得他是一个真正懂书的人。

一千多天以来，他坚持每天都在他的主页上推荐一本书。就像之前我们介绍过的那样，好的习惯造就了天才，真正的天才正是源自于夜以继日的不懈努力。松冈正刚如此博学，而他却仍然孜孜不倦地汲取着知识的养分，这一点着实令人敬畏。

他每天都要写一篇书评，有着惊人的毅力，我自问没有这样的知识储备。而且除了他之外，我还从没见过有任何一个人能够写出如此优秀的书评。

多逛书店能提升选书能力

我建议大家买书要在实体书店购买。其理由有二，其中之一就是书店其实也是一种文化，作为读者，我们有责任、有义务去保护这种文化。

随着网上图书商城的兴起，街头巷尾的书店也渐渐地消失在人们的视野当中。这意味着一种文化的消亡。

正是因为如此，我建议，即便多少有些不便，即便要花更多的时间，我们买书时也不要只图方便和快捷，而应该去书店转一转。书籍是文化的象征，从捍卫文化的角度考虑，我们应该尽量去实体书店购书。况且养成定期去书店买书的习惯，于我们自身而言也未尝不是一件好事。

除了出于文化保护方面的考虑，去书店买书也自有它的魅力，因为我们在买书时能够切实感受到它的存在。

到头来我们的书籍都会留给我们的孩子。孩子从我们这里得到的是电子书籍，还是在上面写写画画、满是长辈印记的实体书籍，我想其感受将会大不相同。

我之所以建议去书店买书，还有一个理由就是我觉得去书店就好像是一次旅行。那里总会有令人意想不到的邂逅和收获在等着你。

我们在互联网上看到的信息，跟在书店里边走边看所获得的信息全然不同。要是早已经选定目标的话，在网上购买无疑是非常方便的。但如果你期待的是一次邂逅或是偶然间内心的感动，那么无疑书店将会是最佳的选择。

我们去书店的时候，完全可以是漫无目的的，不经意间或许就能发现能让自己感动的书籍。无法通过在网上检索找到的书籍，或许能够在书店里偶遇。

在人的一生当中，较之出于某种目的结识的朋友，其实远不及因邂逅而结识的朋友人数众多。

与书籍的邂逅也是如此，其实就是为了漫无目的地在里边逛上一逛。于是随着时间的流逝，我们就跟想要的那本书不期而遇了。

这种漫无目的的“瞎逛”从来都没令我失望过，所以直至今日，我还仍然保留着逛书店的习惯。一般我一周总会去几次书店，有时甚至一天之内会去好几次，偶尔还会在同一家书店的同一个书架旁徘徊不去。

然而有趣的是，我有时会一天连逛同一家书店数次，虽然每次看到的景观并无不同，但每次留意的书籍却全然不同。

所以说能够住在实体书店附近真的是一种幸运。我去书店的目的不是为了买书，只为能在“闲逛”的过程中有所发现，进而充实自己。

我最常去的地方就是位于东京六本木和官代山的茑屋书店，那里售卖的多是些修养类书籍，而且书籍的分类方式也很具独创性。其实单就其店面的格局而言，就让人觉得魅力十足。我觉得茑屋书店在店面布局方面的确有些独到之处。

商务类、文艺类以及自我启蒙类书籍都有利于思维的结构化，因此他们将这些图书都归为了一类，并将其陈列于主题展柜当中。这种做法本身就是活化思维的表现，由此，其独创性也可见一斑。

茑屋书店主题展柜中所展示的书籍每个月都会更新。有时是三岛由纪夫，有时是唐纳德·基恩看日本，有时又是昭和史。有时候同一本书会由于不同的主题而数度出现在这里，这着实是件有趣的事情。这里的主题展柜中有时也会出现自己特别感兴趣的书。

我有时也会逛一些占地面积特别巨大的书店。这些书店对书籍的分类多是大同小异，但店内的布局却是大不相同。我逛书店时只是信马由缰，与其说是在找书，倒不如说只想置身于书的海洋当中。只要有书相伴，我就觉得幸福无比。

有时也会碰巧赶上所逛的书店正在举行大型活动。我还会试着以书店店员的角度去考虑问题，比如说这本书是这次专题展出的书目、那本书要那样摆放，顾客会以怎样的方式、怎样的关键词选书，等等。

当有人问我，究竟怎样才能选购一本好书时，我会这样回答：只有在失败中不断摸索前行，才能提升自己的选书能力，而具体的做法就是多逛书店。

书中的语言蕴含着巨大的能量

读书时应该好好体味书中的语言，因为语言不单单是表达自己想法的手段，它本身更蕴含着巨大的能量。

有句话叫“语言的力量”。当我们接触饱含正能量的语言时，浑身就会充满力量；而当我们接触满是负能量的语言时，就会产生一种虚脱感。因此，对我们所接触到的语言，即阅读、交流及写作的语言进行慎重的筛选是十分必要的。

如此一来我们的语感就会不断提升。语言对于我们而言就是另外一个环境、另外一个世界。当我们接触的尽是些蹩脚的语言时，我们自己的语言也会变得越来越蹩脚；当我们接触的语言品位低下时，我们自身也就会随之变得越来越没有品位。

即便我们的品位不高，但随着不断接触高品位的语言，我们自身的品位就一定会越来越高。因此，无论是读写，还是谈吐，我们都应该时刻注意，自己应该使用什么样的语言，应该学习什么样的语言。这关系到我们的思维、人生及将来。

语言对我们的身心、感情以及思维的影响之大，远超乎我们的想象。因此，我们要下意识地为自己营造一个满是高品位、优美而切合实际的语言环境。

为了打造这样一个环境，其起点就是读书。我们无法对自己的家人、同僚以及友人的语言加以干涉和操控，因此要想提高自己的语言水准，除了读、写、说以外别无它途。

使用什么样的语言，决定了一个人有什么样的思维。语言的影响力不容小觑。正是因为如此，每每有政变发生时，各派总是会想办法将广播、电视及报社等媒体控制在自己手中。由此可见，语言在人们认识客观事物的过程中影响之巨大。

通过对语言的操控可以改变人们对客观事物的认识，甚至足以让人们相信被歪曲的事实就是真相。

平时所接触的语言，给人们带来的影响是如此巨大，甚至在有些情况下，语言的暗示竟然能够引导我们走向成功抑或是失败。

在这个互联网时代，叔本华最担心的事情终于变成了现实，那就是他人的想法和思维源源不断地涌入我们的大脑。这就是网络时代信息的特色。

不分青红皂白就将扑面而来的信息全盘接受的做法是非常危险的。当然，如果能够做到仔细甄别的话那就另当别论了。如果我们每天接触的都是些平庸的语言，这将会对提升我们的学识毫无益处。

另外，人们获取的信息量多少未必与思维能力成正比。不可否认，更多的信息量或许会有助于我们思维能力的提升，但是切忌本末倒置，将主要精力放在信息的收集上。

为了防止上述情况的发生，我们还是远离网上信息、远离不值得读的书籍为妙。阅读既要讲求数量，也不能忽视质量，要把握好其中的平衡关系。

语言本身是一种不够完美，却又颇为有用的沟通工具。因此，在进行交流时，我们的语言也无法尽善尽美。

我们在进行会话时，要格外注意自己的语言，一定要让对方感受到，我们在与其进行交流时，没有一句话不是字斟句酌的。即便如此，我们依然无法将自己内心深处的真实感受完美地表达出来。

在倾听对方谈话时，我们也不能只领会对方语言中表面的含义，还要尽量去领会对方语言当中言之未尽的部分。

如果是初次与对方见面沟通，我们除了要与对方进行言语上的交流，还要努力洞察对方的心理。我们知道，语言并不能完全展现出个人的本质。因此，过度相信和依赖语言的表现能力的做法是不可取的。

这才是对待语言的正确态度，也只有如此，我们才不会被语言所迷惑。正是语言，让我们有所学习、有所感悟。

大人读书时，孩子自然也会跟着读

在大学任教的那段时间，不时有人向我咨询关于孩子教育的问题。而我通常会告诉他们，父母是孩子最好的榜样。

成绩优异或是有所成就的人，给别人的感觉就是他们经常读书。而且，他们的父母通常都会在他们幼儿时期就给他们朗读很多绘本。

在孩子还不识字的时候，父母要读一些东西给他们听，借此就可以让孩子喜欢上语言文字。有些孩子甚至会达到跟语言文字难舍难分的程度，一会儿让父母读这个，一会儿又让父母读那个，一刻不停地缠着父母给他读东西。

对语言文字的敏感度大幅提升之后，学习也就变得不再那么痛苦了。此刻学习将不再是一种负担，而成了一件理所当然的事。但如果不让孩子经常跟文字打交道的话，那么让他学习时他就会觉得浑身不自在。

但是有一点一定要注意，那就是千万不要因为优秀、有能力的人都喜欢读书，就强迫自己的孩子读书。与其强迫孩子，倒不如以身作则。家长养成读书的好习惯后，孩子自然也就喜欢上读书了。

在读书气氛浓郁的家庭环境当中，孩子也会养成读书的好习惯。我们已经反复强调过，好的习惯一旦养成，就几乎不需要付出任何努力，也不用消耗太多的精力，一条通往成功的捷径就会出现在我们面前。

孩子能否养成好习惯，完全取决于家长习惯的好坏。孩子会完全照搬家长的习惯。有读书习惯的家长，即便孩子不会照搬他们的习惯，也绝对不可能会对读书产生反感情绪。

读书可以提高我们的自我修养，也能让我们的知识不断增长。孩子要是能够养成读书的好习惯，茶余饭后，我们在跟孩子进行交流时，就大可以避免聊一些可有可无的闲话，而是说一些更加深层次的话题。

从书上学到的东西可以应用于各种场合。读书绝对是教育的最高境界。

父亲很早就去世了，我对他没有什么印象，但他却给我留下了很多书籍，由此，我至少知道他是一个爱读书的人。他还在书上留下很多笔记，从这些笔记当中，我知道了他的笔体到底是什么样的。

他学的虽然不是美术专业，但却有很多美术方面的书籍，从东方到西方的都有，我想他应该很喜欢美术史吧。我虽然没有美术方面的天赋，但正是由于这些书，才让我跟美术产生了某种联系，并且挥之不去，斩之不断。

直到30岁那年，我还未曾对任何一种形式的艺术产生过兴趣，但我却一直坚信我跟艺术有缘，我的艺术天赋总有一天会苏醒过来。我之所以会有这样的想法，完全是受父亲的影响。

我虽然从未见过父亲读书时的样子，但从他选择的书籍、从他在书上划的线、从他记在书上的笔记当中，我似乎隐约看到了他读书时的背影。

这些就成了我读书的动力。虽然我不记得他到底写了些什么，但我却感觉到了动力。那些书不离手的岁月、那些沉迷于业余书籍的日子、那些买下文学全集的日子……我丢弃了所有自己儿时的照片，但父亲，却似乎一直都不曾远离……

要养成送书籍的习惯

说起习惯，我要说说我的另一个习惯，那就是送别人书籍的习惯。送别人书籍就等于是给对方介绍一位名人、一位终身的挚友或是一位老师。

书是一种性价比很高的礼物。将一本好书作为礼物送给别人，其效果有可能远超乎我们的想象，甚至还可能会让陷入绝望的人得到救赎。

给别人提建议时一定要格外谨慎，搞不好还会有将自己的想法强加于人之嫌。但如果是赠送对方书籍的话就不会出现这种窘况，而且说不定就是因为你送的这本书，对方的人生才出现了新的转机。

日本人似乎很少有人将书作为礼物送给别人，这就好像是我们成年以后就很少写信了一样。正是因为如此，将书作为礼物送给别人才能凸显出它的价值。

将名人的书籍介绍给对方，与向对方推荐一位名人无异，而且当对方阅读这本书时，脑海中一定也会浮现出你的面容。当你们再次相聚时，所说的话题也一定与这本书有关。你每送给对方一本书，对方得到的将是一套完整的世界观。

一本书的价格不过千余日元而已。对我们自身而言，这不过是区区的千余日元，而对于对方而言，它的价值或许已超过百万日元。一本书或许就能让对方的人生出现新的转机，这就是书籍的力量。

以前，我参加过一个有 40 人的研讨会。大家每个人都从家里带一本书互赠，即便是有涂写痕迹的也没有关系。

研讨会结束后，大家可以选一本别人带来的书籍回去。这项活动受到了与会者的一致好评，尤其是收到了有划线的书籍的人，更是觉得兴味盎然。

我比较倾向于将自己认真读过的、划过线的书籍拿过去送给别人，因为这些划线对其他人来说也同样意义重大。

偶尔遇到熟人，对方经常会问我在读什么书，通常我回答完对方的问题后，会顺手把那本书送给对方。对方收到礼物后显得非常开心，尤其是在收到满是划线的书籍之后。这或许是因为我的身份是作家，他们收到满是作家笔迹的书籍会有一种新鲜感的缘故吧。

我送人次数最多的一本书就是《我的一生：猫儿达茜的故事》，

是大约20年前在美国出版的一本书，这本书的主人公是一只猫。

这本书的作者曾经养过一只猫，但是跟猫一起度过了十几个春秋之后，猫死了。作者很伤心，于是就写了这部小说，小说用第一人称的视角描写了一只猫的一生。

故事是从猫儿看到主人出现在玻璃宠物箱前开始的。“主人抱着其他猫的时候，眼睛却望着我，我也回以同样的眼神。虽然我除了会‘喵——喵——’地叫，别的什么都不会说，但我觉得主人一定会选中我的。不出所料，一个星期后他就把我买走了。我感觉幸福极了……”

小说写的大概就是这样一个故事。我觉得他的序写得非常精彩。“我”在序中向主人表达了自己死去时的伤感，就是这一段打动了我。

我经常会随身带着这本书，然后将其送给跟猫有过美好记忆的人。他们收到这本书的时候，总是会非常开心，有的人说在这本书中找到了慰藉，有的人则说读了这本书以后感觉好多了。

送给对方合适的礼物就能收到这样的效果，所以送别人礼物时要尽量精挑细选。选一本合适的书送给对方，或许他会将这本书视若珍宝，又或许，这本书会变成他人生的道标。

因此，如果能够养成送别人书籍的习惯，别人就会感受到我们的温情，我们的人际关系也能从根本上得到改善。其实日本人并不缺乏善意，他们只不过是过于客气、羞于表达罢了。

韩国的书籍扉页上都印有“Dear”的字样，之所以会如此，就是为了便于将书作为礼物赠送他人。当然，这样的书如果是买给自己的话，自然也不会有什么不妥。

跟别人读同一本书会增进彼此之间的友谊。跟别人读同一本书、体验相同的事物，就好像与某人同游某国的某处名胜一样，一起游玩，共同语言自然就多起来。

在我看来，送书跟送人一张入场券都是一回事。送书就像是参观美术馆后觉得不错，于是就买了一张入场券送给自己的朋友一样。

如今的日本人很少会有人送别人书籍。既然如此，那我们不妨敢为人先，从我做起，如果有人觉得自己正在读的书还不错，我们不妨试着将这本书送给他，这将是一个非常不错的习惯。

在普拉达包里放一本诗集吧

我从不觉得等人的时间难熬，即使对方迟到了，我也不会焦躁不安，我反而会觉得很开心，因为这段时间可以用来读书。

如果对方迟到 30 分钟的话，我就可以边读、边划线、边做笔记。

稍微挤出一点时间就用来读书、做笔记，有效运用一切时间，尽量将时间的浪费压缩至零。

稍微有一点时间，哪怕只是去趟洗手间的工夫，也可以用来读书。将零碎的时间运用到读书当中去，对我来说就是最大的幸福。书籍就是我的知交好友。

每次外出，我都会带上几本书——几本阅读起来比较轻松的书。比如商务类书籍，可以分成数个，乃至数十个部分进行阅读。

此类书籍比较适合利用零散的时间进行阅读。与此相反，结构比较紧凑的书籍则需要花费较多的时间，集中精力阅读才能收到理想的效果。如果在读第二遍的时候反复被打断，思路衔接不上的话，将会是一件让人非常头疼的事。

因此，我们在规划读书时间的时候，就要预先估计自己什么时候可以拿出整块的时间来读书，什么时候干扰比较多。由此决定什么时候读浅显易懂的，什么时候读有一定深度的。多数情况下，浅显易懂的和有深度的我会各带两本出门。

我建议广大女性平时包里可以放一本诗集。现在很多女性都很注重自我修养的提升，这是件好事，但有一点一定要弄清楚，那就是千万不要只在外表上下功夫。

较之外表，内涵更加重要。关于婚恋，我认为女性恋爱时吸引对方的是女性外在的魅力，而结婚以后，更重要的则是人性的魅力。

提升女性特有的魅力会让无数男性趋之若鹜，但仅凭这一点却无法让对方下定决心跟你结婚。当双方之间的关系是男女朋友时，你的可爱与性感无疑会成为你的制胜法宝，但要是说到结婚，就要另当别论了。因为一旦谈婚论嫁，男性将会从不同与以往的视点去审视女性。

例如从自己孩子的视角、自己母亲的视角、身边朋友的视角以及其他各种视角去观察，这时他注意到的将不仅仅是女性外在的魅力，还包括人性的魅力。

女性包中放着高级化妆品固然重要，但是如果别人能从敞开的缝隙中窥见你包中装着一本里尔克的诗集的话，那又会是怎样的一种叹服呢？其实即便你读不惯诗集也不要紧，首先只是摆出这样一种姿态就足够了，因为你已经有了一个好的开始。

万一发生什么意外时，包中的物品从很大程度上能够说明包的主人是一个什么样的人。总之，我建议各位女性应该在包里放一本诗集，有时间不妨试着读一下。

诗集一般都比较通俗易懂，段落也很短，阅读时也不会产生什么压力。另外，除了诗集以外，也可以试着读一读散文，因为散文可以随时、随地、随性地阅读。

诗集和散文中都不存在所谓的正确答案，因此只需用心品读、慢慢回味即可。在此过程中，我们终于得以找回那份遗忘已久的感性。

包里放一本诗集最大的好处其实还在于那种感觉，那就好像是搽了自己最中意的香水，那是一种意气风发的感觉。

我希望各位女性朋友一定要试一下。高级女包固然不错，但包里的物品也要有品位才行。包里放上一本诗集，这是一个非常好的习惯。

有些法国女性上了年纪以后，为了让自己活得更有意义，她们会更加注重个人修养。

当然，男性也不例外。最适合男性的读物恐怕非三岛由纪夫的《叶隐入门》莫属了。当然，诗集也未尝不可。

第 5 章

阅读第三遍：花 40 分钟深入阅读

CHAPTER FIVE

●第三遍的要点就是，一边读一边肆无忌惮地在书上写写画画。

●当读第三遍，即进行深入阅读时，要从其中的40分钟里拿出10分钟进行划线操作，用余下的30分钟对全书，尤其是对划线的内容深入阅读。

●读书时，要把自己所思所感转化成文字，记录在书的边白处，其内容一两行即可，或是摘抄，或是根据文中内容写上一两句感想更佳。

●要是漫无目的地去读书的话，就会出现拖拖拉拉的情况，而且即便读完以后也不知该如何运用。

记笔记是对一本书最大的敬意

我们所介绍的“100分钟读书法”，第一遍用10分钟通过略读掌握概况，第二遍用50分钟进行详细阅读，而第三遍则是花40分钟进行深入阅读。

略读是为了掌握书的结构，详细阅读是为了了解整本书的全貌，而第三遍则是为了把整本书读得更加透彻。一本书读上三遍，就会在头脑中留下深刻的印象，理解程度也不可与只读一遍同日而语。

同一个人如果见过三次面的话，我们对他的了解程度就会大大加深；同一家店铺去过三次的话，我们对其基本情况就会有一个大体的了解；同一个城市如果去过三次的话，我们就能够掌握其大概的情况。

见过三次面的人、去过三次的店铺、去过三次的地方、看过三次的电影，对我们来说都已经变得十分熟悉，同样，看过三遍的书我们也能够掌握其大体结构，并能够复述其内容。

读第三遍时，我们所用的荧光笔的颜色要不同于第二遍。读第二遍时，我们用黄色荧光笔划过重点，第三遍要着重读这部分内容，其中特别重要的部分，要用红色或粉色荧光笔进行标识。

当读第三遍，即进行深入阅读时，要从其中的 40 分钟里拿出 10 分钟进行划线操作。其实此刻与读前两遍时一样，事先分配好时间的话，就会事半功倍，就好像跑马拉松时要对全程进行规划一样。

完成划线操作后，我们就要用余下的 30 分钟对全书，尤其是我们刚才花费 10 分钟用红笔标识的内容进行深入的阅读。第三遍与其说是在读，倒不如说是在写。这时我们要用另外一种颜色的笔，针对重点内容做笔记。

首先是进行抄录。抄在读书笔记本上固然重要，但我还是建议直接抄在书上，写在书页的空白处即可，即便抄录内容与原文毫无二致，抄录自有抄录的妙处，其作用与佛教信徒虔心抄写佛经如出一辙。

另外，针对重点页，我们要将自己的所感所想记录在上面。这项作业就好似在与作者共同创作一样。如此一来，我们已经不再仅仅是从作者那里获取信息，而是与作者共同思考了。

笔记的内容可以不拘一格。无论是摘抄、总结，还是自己的想法或有什么问题想问作者，都可以写下来。

我们在读书时，即便不做读书笔记，也一定要有自己的想法。

有了自己的想法，读书才会变得更加高效。只有针对书中的内容写出自己的想法及感受时，我们才算得上是真正吸收了书中的养分。

为什么这样说呢？因为我们无法对自己所不理解的事物做出恰当的反应。只有将领会到的内容如实表达出来，才代表我们真正理解了书中的内容。其实人只有在将自己所学的知识传授给其他人时，他所学的知识才能融会贯通。

其实读第三遍的要点就是，要一边读一边肆无忌惮地在书上写写画画。很多日本人都很忌讳在书上涂抹写画，但我却认为，在书上涂抹写画才是对作者最大的尊重。作为读者，充分领会作者的意图，以某种形式与作者进行充分的交流，这些才是作者希望看到的。所以，读书的时候一定要在书上记笔记，记笔记是对一本书最大的敬意。

如此一来，你读过的书也会像我父亲读过的书一样，成为留给家人的宝贵遗产。这些书籍将化身为我们活过的明证、我们写给未来的信件，也会记下我们成长的轨迹。我手中的艾力·贺佛尔的书便是如此。对于重要的书籍，我会写上自己的名字和电话号码，以防丢失。

一本书读完三遍之后，当我们再次把它拿在手中，上面有读第二遍时为了理清其结构而划的黄线，还有读第三遍时所划的红线，以及笔记、摘抄等各种印记。

至此，“100分钟读三遍”才算是大功告成。当我们再次翻阅时，我们可以深切感受到那本书已经完全属于我们自己了。这与单纯的阅读和学习知识时的感受全然不同。

遇到真的值得一读的书，我们还可以读四遍、五遍……如此一来，我们对这本书的理解程度还会更上一层楼。

另外，我们再次翻阅自己使用“100分钟读三遍”读书法读过的书籍时，当我们看到自己所做的标记及笔记，我们一定还会产生新的灵感与感想。

“眼过千遍不如手过一遍”

好不容易读完一本书，过后却又几乎忘得一干二净——相信为此而苦恼不已的人不在少数。但人恰恰就是这么一种健忘的动物，如果只是泛泛而读的话，过后肯定会忘得一干二净。之前我们已经反复强调过，不要过于相信自己的记忆力。

正因为如此，我们才要采用不同于以往的阅读方法。一本书读三遍是出于这个原因，先了解其结构再读也是出于这个原因。其中最为重要的就是要动手做笔记。

我总是会通过多动手的方式来增强记忆。多数情况下，人在做出动作时都是下意识的，但其实我们的身体是在接受了大脑发出的指令后才开始行动的。

大脑向手发出指令，手开始写字，此刻大脑处于接收信息的状态。手上的书写动作会提升大脑接收信息的效率。大脑在接受信息的整个过程中，其向手发出书写指令的流程具有非比寻常的意义。记忆的过程并不仅仅是发生在大脑当中，身体各部位的辅助作用亦不可小觑。

身体上的每个动作虽然只是一瞬间，但随着动作的不断重复，记忆的内容也会不断巩固，脑神经元也会因此而不断增加，其结果就是使记忆变得更加扎实。

读书不要泛泛而读，而是要一边读，一边动手做笔记，“眼过千遍不如手过一遍”。如此一来，日后当我们回顾读这本书时悬而未决的问题的时候，书中笔记的内容对解决问题肯定会有很大的帮助。即便读书笔记不记在笔记本上，而是直接记在书上，对于增强记忆也是有很大帮助的。

我自从认识到记事本的重大作用以后，才知道之前一直都高估自己的记忆力了。比如说我正在做一件事，头脑中突然闪现出一个好的构思，这时如果不用记事本记下来，而是继续做其他事情的话，过后这个构思就被忘得一干二净了。

事情过后，即便花很长时间去回顾当时的想法，却怎么都想不起来了。每每出现这种情况，我都懊恼不已。如果当时用纸笔记录下来的话，就不会记不起来了。只言片语也好，记号也罢，总之只要留下一丝线索，就绝对不会忘记。

但如果连这点功夫都不肯下的话，那肯定会忘得一干二净，而且一旦忘掉，当时的灵感就再也找不回来了。如果灵感闪现之时不将其记录下来的话，那么灵感就会生出翅膀，离你而去。

如此反复数次，我渐渐意识到了记事本的必要性。将自己的想法记录下来，才不至于忘记。有些想法在我们的头脑中一闪即逝，如果不及时记录下来，它必将一去不返。

灵感总是会稍纵即逝，因此我们要时刻做好准备，以便随时将其记录下来。如若不然，我们就有可能会与能够对我们的人生产生重大影响的东西失之交臂。

思虑至此，越发让我觉得绝不能过于相信自己的记忆力。即便你的记忆力的确远超常人，但我还是建议你不要高估了它的作用。

当我还在韩国时，就已经开始学习日语，我就是那时养成凡事做记录的习惯的。开始做记录以后，我深切感受到了其效果的确惊人。

我读书的时候，为了做笔记，总是笔不离手。尤其是在读第三遍时，用红笔标识出重点以后，笔记就会做得更加频繁。

有一个时期，我会用那种比较粗的圆珠笔做笔记，而且每天都要用光笔里的墨水。我们的大脑向肢体发出指令，肢体再通过行动反馈回大脑。我当时这样做目的就是想利用大脑的这一机理来增强自己的记忆。

或许有人觉得每天用光一支圆珠笔里的墨水有点不可思议，其实较粗的圆珠笔并没有我们想象的那么耐用，一天之内用光是完全有可能的。看着圆珠笔里的墨水不断减少，这也是一种乐趣，而且，这竟也成了我读书的动力来源之一。

读书时要不断在书上做笔记，这才是读书时较好的状态。当眼看着圆珠笔的墨水不断减少，心里是欢欣的、雀跃的，这样读书的收获也是很大的。

记笔记能更好地把读过的书变成精神财富

我去旅行的时候，从来都不看导游手册。导游手册中所记述的，都是游览过此地的人的感想。如果看了导游手册的话，难免会产生先入为主的想法。而我则选择亲身去体会、去感受。

就像我们之前说过的那样，出于这个原因，我旅行时总是会手绘当地的地图，因为如果使用现成的导游地图，而不是亲自绘制的地图的话，当地的情形就根本无法在头脑中留下一个明晰的印象。此处也不要过度依赖自己的记忆力，因为我们的记忆力所能发挥的作用实在是微不足道。

亲手绘制旅游地图和做笔记除了有助于提升记忆力以外还有一大好处，那就是能让我们的认知更加客观。

我们在读书的时候，由于大脑接受的是来自作者的信息，所以难免会出现主观性的思维。正是因为亲自动手做笔记，我们的思维才能更加客观地认识事物。

每当我们感到烦恼或是不安时，总会有人劝我们将其写下来或是找人商量，因为无论是视觉还是声音，都有助于我们客观地认识到自己当前的处境。

客观地认识到自己到底有何种烦恼和不安，将会有助于我们一扫阴霾，让自己的内心回归平静。

能够客观地认识事物，对我们来说其意义非比寻常。因为只有将自己剥离开来，我们的判断才不会有失偏颇。也正因为如此，我们才要亲自去观察，以便使自己接收的信息更加客观，进而绘制出那张只属于我们自己的“旅行地图”。

我的笔记也不全都是记在书上，我也经常将笔记记在明信片上。我经常会在100日元店买上50张明信片，时常把它们带在身边，每当灵感闪现，或是读到书上令我印象深刻及优美的语句时，我就会用大字将其记在明信片上。

当然，这些都可以记在笔记本上，但是于我而言，能够以较大的文字，将笔记记在质感较好、尺寸较大的纸张上，虽然有些奢侈，但让人觉得无法抗拒。这种记笔记的方法也有一个缺点，那就是无法记录大量的内容，例如“本质很简单，现象很复杂”，仅能记此一行而已。

那感觉就像是在整理书籍的索引条目一样。每逢有所感悟，我就会拿出明信片，记在上面。有时一天我能用掉数十张明信片。每写完100张，我就会拿出来翻看，在翻看的过程中，又会有新的思绪浮上心头。

我之所以将笔记记在明信片上，而不是笔记本上，那是因为明信片会让自己的语言表达在空间上更具开放感。常听人说在记忆英语单词时，较之写在笔记本上，写在卡片上会更加容易记忆，其原理就是因为写在卡片上会让人感受到空间上的开放感的缘故。空间上的开放感会让人的注意力容易集中。

有时我每天用来做笔记的明信片可多达 100 张。日复一日，一个月下来就是 3000 张。这时候我就会将其归类、分组。看着一叠叠分类整理后的卡片，一种成就感不禁油然而生，这也是将笔记记在卡片上令人着迷的地方。

我并不会将这些卡片都保存起来，而是用过即弃，因为通过书写，这些卡片中的内容已经深深刻在我的脑海当中了。切不可忽视潜意识的作用，因为人的意识一旦成型，将会对我们获取知识起到非常关键的作用。

读书时要做笔记，可以记在笔记本上，也可以记在书上及其他载体上，再次回顾读书笔记时，它会给我们以启发，让我们产生新的灵感。其实不仅仅是读书笔记，任何形式的笔记对于激发我们的灵感都有很大的帮助。

另外，卡片上记录的内容深深刻在脑海当中的这一过程，也同样让人觉得回味无穷。

读书是学习，更是创作

前面我们已经针对思考能力进行了简单的论述。我认为，缺少了书写流程的思维是不完整的思维。在我们所有的行为当中，写作算得上至难了，因为白纸黑字让我们的纰漏无所遁形。也正是因为如此，书籍出版之际，少不了编辑们的辛勤付出。

读者手中的书籍之所以质量很高，这也是编辑们的功劳。

即兴而发的话语具有很强的临场感。与之相对应的是书籍当中的文字。书中的语言是作者及编辑们通力合作的结晶，尤其高质量的书籍更是如此。

如果想让自己写的文章能够感染别人，并能一针见血地道出事物的本质的话，就一定要具备优秀的思考能力。而要将自己的思维表达出来，则需要卓越的表达能力。故此，我们说写作是一件至难之事。

我们随时都能读到古代先哲倾注其毕生心血的作品，这是何等奢侈的一件事啊！读书是一件让我们能够受益终生的事情。如果我们能够意识到这一点，对待书的态度及读书时的状态将会与以往大不相同。

说话是一件很容易的事，但写文章却没有那么简单。完整的逻辑体系在文章中是不可或缺的，但说话时的逻辑却可以是跳跃式的。文章要有明晰而完整的文脉，逻辑不能混乱，也不能偏离主题。我们的思维能力被赤裸裸地展现在文章当中，简直是毫无遮拦。书籍是由作者突破万难才写好的文章连缀而成的，故此我们对书籍要抱有万分的敬意。

我们自己所写的文章，包括笔记在内，也自有其价值。于我而言，这些自笔端涌起的思绪，就像不断生出的羽翼一样，让我的翅膀变得愈加丰满、坚实。

记忆和灵感在我的头脑中不断充盈，在将其书写下来的过程中，它们渐渐印入我的脑海，继而与我融为一体。

将我读过的内容与头脑中思考的内容转化成文字，并连缀成文的那一瞬间，一种成就感油然而生，就好像是将各色食材调理成餐时的感觉。因此，读完书以后要将其转化成文字，并连缀成文。读书不仅是学习的过程，也是创作的过程。

为了学习而学习的话，那么即便学到了东西，也绝对无法将其转化成为成果。因此，读书时要带着创作的意识去读，要边读边做笔记。

做读书笔记的成本简直低到了极点。一支圆珠笔的价格为100日元，如果是记在书上的话，随你想记多少都行。如果不做读书笔记的话，那就会与心不在焉地看电视时的效果无异。

看电视与读书截然不同，只需冷眼旁观便可完成信息处理的整个过程。

而书籍则不然。书籍的作者是抱着面向读者的态度、带着万分诚意进行创作的。书中的内容绝不是只流于表面，而是倾注了作者的心血。故此，我们读书时的态度一定要端正。

我们要善于发现书中可以学为己用的内容，并通过书写将其可视化。将思维转化成语言才算是大功告成。

无法转化成语言的想法，尚不能称其为思维。通过书写将自己的想法可视化之后，想法方能升华成为思维。

善写的人往往也都善于思考。口头表达能力强，但不善于书面表达的人，其思维往往不够敏锐，因为他们没法将自己的思维升华至极致。

要考察一个人的思维水平究竟如何，只看其口头表达能力是远远不够的。或许有些洞察力很强的人，可以通过一个人的口头表达能力来判断其思维是否敏锐，但若是看其书面语言的话，则可轻而易举地辨别这个人的思维水平究竟如何。

因此，要想提升自己的思维水平，我们一定要加强自己的书写练习。同时，在读书时一定要坚持记笔记，因为记笔记本身就是一种思维训练。

牛人读书都喜欢在边白处批注

书页都有边白，边白会给人以新的思索空间。边白会一直等在那里，等你往上写些什么。

在很多人眼里，留出边白只是为了方便设计排版，除此以外别无他用。或许在读书的时候，他们也从没留意过边白会有什么特殊用途。

但在我看来，边白之所以存在，就是为了让我们在上面写些什么。书籍就好像是作者写给读者的信件，而书籍的边白则可以看作是读者用来回信的便笺。如此考虑的话，书籍的边白反而成了不可或缺的了。

我虽然也在卡片上记一些东西，但却不是在读书的时候，而是在读完一本书之后，再将自己的感悟写在上面。既然书页上有边白，不用的话岂不可惜？

实际上，要想在一张空无一字的白纸上记笔记，那才是一件难事，毕竟从无到有才是最难的。

书籍中有无数个开关，每个开关都能活化我们的思维。我们读了书中的文章之后，就可随手将自己的所思所感写在边白处。书中的内容是笔记的催化剂，而边白则是笔记的载体。从这个意义上来讲，书的边白简直是最棒的笔记本。

书中所记述的内容，就是我们记下自己新的思维以及感触的催化剂。在读书的过程当中，我们可以发现很多此类“催化剂”，也能记下很多笔记。

下面让我们来探索一下书籍边白的意义。在冈仓天心的著作《茶之书》当中，记述了茶室的设计之所以留出很大的空间，就是为了能让人感受茶道那份从容与泰然。

只有身处茶室的空场之处的时候，人的想象力才能充分发挥出来。只有远离繁杂，人的创造力才能发挥得淋漓尽致。从这个意义上来讲，书籍和茶室倒是有几分相似之处。

当我们身处茶室之中时，就会产生各种各样的感受与想法，我们的想象也将会随之任意驰骋。

如果没有足够的空间，人类的创造力与想象力也将受到束缚。读书时，我们要把自己所思所感转化成文字，记录在书的边白处。

其内容一两行即可，或是摘抄，或是对文中内容的印象及疑问皆可，再根据上述内容写上一两句感想更佳。

没有必要将自己想到的全都写下来，最好能将其内容总结成一行左右的文字。如果要点明确的话，30 秒钟的话语便可切中要害，相反，如果抓不住重点的话，即便说上 1 个小时也无济于事。

在书上记笔记时，一定要先抓住要点，再用极其简练的语言记录下来。这也算是我的一大爱好。我不喜欢长篇大论，而喜欢用极其简洁的语言来表述自己的观点。

对于从未在书上做过笔记的人来说，可以试着在书的边白处摘抄一些自己喜欢或是有所感悟的语句。

接下来，我们可以试着用自己的语言将作者要表达的内容总结出来，即与作者进行换位思考。只要做到这一点，对书的内容的记忆将会大为改善。

接下来，就要以与作者对话的形式将自己的想法写出来，可以是针对这本书的疑问，也可以是自己的意见。

最后，我们终于有了一些有创意的构想，除了与作者对话以外，针对作者书中的某些内容，总会有一些想说的话，我们大可以把这些话记在书籍的边白处。

读书令人的思维焕然一新

或许很多人都没有注意到，读书的另外一大好处还在于，阅读可以引发我们新的思索。

于我自身而言，阅读之所以会引发我新的思索，其线索就隐藏在“战略性阅读”之中。

语言的威力是巨大的，没有语言就无法思考。单从这一点来讲，其威力就不容小觑。据《圣经》记载，上帝是用语言创造了万物，可见语言的威力之巨大。

语言可以构筑整个世界。在书的世界里，就到处充斥着语言，而读书就是在探索这个世界。

读书对于我们的人生而言有着非比寻常的意义，因为它在我们思考的过程中起着非常重要的作用。拿破仑·希尔有一句名言：“思考的过程就是将想法转化为现实的过程”，意在说明只有语言转化成思维之后，思维才能转化成现实。

那么，究竟如何才能锻炼我们的思维呢？要想锻炼思维，首先就要磨炼我们的语言，而要想磨炼我们的语言，就只有求教于语言的巨匠们。书籍则是向语言巨匠们求教的最佳途径。

读书引发新的思维，思维能够将想法转化成为现实。由此看来，读书就是在创造自己的未来，开创自己的人生。

开创人生，创造未来。世界上恐怕没有什么比这更具吸引力了。但人们为之苦恼不已的，恰恰也是这件事。究竟该怎么做，才能更好地为自己的将来积蓄力量呢？答案就是多读书。

当然，有问题的时候我们也可以请教他人。但书中的语言往往是最具说服力的，因为那是由思维能力极强的人精心创作而来，将这些语言学为己用，对于我们磨炼自己的精神也有很大的帮助。

万万不可轻视读书，因为没有语言，思维也就不复存在了。思维是通过语言来实现的。当我们明白了语言的价值，了解了语言的重要性，对于读书的态度自然会发生颠覆性的转变。

如果我们能够意识到优秀的思维能够助自己开创一片美好的未来的话，那么一定也能意识到名著的价值。所有人都应该对名著趋之若鹜。

可能有些精明的读者和成功人士已经意识到这一点，认识到了语言本身所具备的巨大能量，更认识到了这一切与自己的未来息息相关。蕴含巨大能量的语言也是我们生活能量的来源。如果自己身为领导，那么语言更能在其工作当中发挥巨大的威力。

但凡成功人士，都对语言拥有极高的敏感度，而对语言敏感度高的人，其思维的精度也都非同凡响。

你怎样用语言把你的思想表达出来，那么你的精神世界就会呈现出什么样子，因此，语言就是世界，也是书籍作者思维的结晶。如果能认识到语言对于我们的人生而言究竟有多么重大的意义，那么我们读书时的态度就会发生翻天覆地般的变化。

我原本是从国外来到日本的，根本就没有什么人脉关系，引导我勉力前行的，唯有语言而已。我人生中唯一的武器就是语言，同时，语言也是我人生中唯一的救生索。我隐约感觉到，只有不断在语言上下功夫，才能为自己开创一个美好的未来。

掌握语言技巧几乎不需要什么初期成本，只要有学习的意欲，就能不断进步。语言是拯救自己的人生、开拓美好未来的最有力武器，只要我们肯付出努力，这个武器的威力就是无穷的。

我读过很多优秀的书籍，也因此掌握了高超的语言技巧，由此，我的人生发生了翻天覆地的变化。正因为我的日语是从零基础学起的，所以其中原委我自然是知道得一清二楚，也正是因为如此，我对语言的敏感程度也高。

日本人对于日语之美、日本人绝佳的精神风貌反而知之甚少，这一点着实令人感到意外。抑或只有外来之人才能看清这一切吧？我希望人们更加珍视语言，珍视这个能给人带来思维的绝佳的工具。

书籍引导我开启新世界的大门

前面我们已经说过，我之所以经常逛书店，就是期盼着能跟某些优秀的书籍不期而遇。购买我们所熟知领域的书籍，进一步熟悉该领域固然重要，但获取自己所不熟悉领域的相关知识其实也同样重要。

定期购买我们所不熟悉领域的书籍自有它的价值，它能带给我们一个个崭新的世界。开启新世界的入口，我们需要的其实只是一本书而已。接下来我们要做的，就是跟随语言的诱导，紧握手中的地图和罗盘，一步步向新世界迈进。

我会每周三都购买自己所不熟悉领域的书籍。接下来，陌生的语汇就会引导我开启一个新世界的大门。

为了达成短期目标而买书自然无可厚非，但为了体验新事物，为了丰富自己的人生体验，为了提高自我修养而买书，那么其境界与前者自然不可同日而语。

书籍的作用无外乎两种，一种是开拓视野，另外一种就是认识新事物。开拓视野的性质是让自己的知识向纵深发展，其性质决定了几乎没什么机会接触陌生的语汇。

人们在自己所属的圈子当中，总是喜欢使用暗语。无论是地区、行业，还是企业，人们都喜欢在所属的领域内部使用其特有的表达方式。

我们在接触新的领域或事物时，如果事先了解这个圈子里惯用的语言的话，融入这个圈子就容易多了。

当人们向新的领域发起挑战时，新的语汇总是会和自己所熟知的语汇发生冲突和碰撞，这会让人觉得非常不自在。

针对这种情况，如果我们事先做好心理准备的话，就会在不知不觉间逐渐适应这种情况，并让自己顺利融入新的世界。

在接触新的领域之前，我们要做好心理准备，因为新的语言习惯和语汇会让我们觉得很不适应。但只要做好心理准备，我们非但再也不会感觉浑身不自在，反而会产生一种快感。这有点像参加某种资格考试时兴奋而又紧张的心情。

我们的人生也会面临许多选择和挑战，但绝不像是很多人想象的那样有所谓正确或错误，很多时候我们的选择根本就没有所谓的对错。

在我看来，我们的面前就像是有很多扇门，当我们打开其中的一扇，里面又会出现数十扇门等着我们去选择。

其实我们在做选择时完全没必要考虑是对还是错，只要下定决心去推开那扇门，那扇门背后自然又会出现无数个备选项。

经常有人问我为什么会选择成为一名学者，在海外从事研究工作。其实当初我也没想到自己会走上这条路。我也并不知道前面会是怎样的一条路，只不过是在不断前行的过程中，在千万种可能当中做出了选择。

我喜欢进行彻底的评估之后再做出选择。在没读一本书之前，我不会妄自揣度它究竟有什么价值，而是会先读了再说。而读完一本书之后，仿佛又有无数扇大门向我敞开了。

从这个意义上来讲，一本书并不仅仅是孤立的一本书，它是通向其他无数本书的大门。与人相处也是如此。如果感觉可能会与其产生共鸣，那么便试着与其进行接触，每一次接触都有可能会对我们的未来产生直接的影响。

语言就是整个世界。读书时我们不要把语言仅仅当成语言看待，而要把语言当成整个世界来看待。就像茶叶一样，一旦注入开水，茶叶便会缓缓舒展开来。

善读之人一旦看到好的文章，看到其洋洋洒洒、连绵不绝的绝妙语句，就仿佛在知识的海洋里畅游。究其原因，全在于其通晓各个领域，博学广识。

最大限度地对书籍进行有效利用

每每接触到新的语言环境，都能够引发我们一番新的思考。一边读一边在书上写写画画更能充分体会到读书的乐趣。

第一遍略读的时候，无论在书上划线、画箭头，还是在书上圈圈点点都可以，总之就是要尽情在书上涂抹写画。

读第二遍的时候，手中要有一支黄色的荧光笔，这样就可以一边仔细阅读，一边将重要的内容标识出来。只有一心想着把重要的内容标识出来，才更容易找到重点。从这个意义上来讲，荧光笔的重要性是毋庸置疑的。

读第三遍的时候，除了进一步阅读用黄色荧光笔标识出来的部分，还要筛选出更加重要的部分，并用红色荧光笔标识出来。

用荧光笔标识完毕后，要换成圆珠笔，用来在书的边白处记笔记。记录的内容可以是总结作者的话，也可以是精彩语句的摘录。

我们也可以将自己的感想或是疑问，甚至是对作者的建议写下来。

此时我们可以使用自己中意的笔。我用钢笔记过笔记，也用相对较易于使用的圆珠笔记过。通过在书中与作者进行“交流”，这本书也就渐渐变成了你与作者的“合著”。

当你读完这本书时，这本书中也留下了你独一无二的笔记，而且，重要的地方也都被标识出来了。也正因为如此，这本书才称得上是你与作者的“合著”。作者书中的语言让我们有机会得以拓展自己的思维。

如此一来，无论何时何地，当你再次翻开这本书时，总是能够轻而易举就抓住重点。另外，由于你读这本书时亲自动手做笔记的原因，当你重读这本书时，初次阅读时的情形也一定会历历在目。

就像我们之前说过的那样，很多日本人都不愿将书弄脏。但作者著书的目的绝不是为了让读者珍藏，而是为了能让读者派上用场。我认为，只有最大限度地对书籍进行有效利用，才是对作者最大的尊重。要想深入理解书的内容，并借此拓展自己的思维，我认为最好的方法就是一边读，一边在书上写写画画。

对于图书馆的书，我们却不能这样做。我的“100分钟读三遍”读书法并不适用于图书馆的书，因为图书馆的书是决对不能弄脏的。同样，我的读书法也不适用于电子书籍，因为电子书的边白是无法记笔记的。

虽然我自己几乎不买旧书，但我的读书法用在旧书上是完全没有问题的。当然，前提是旧书上还有足够的空间供我们做笔记。

另外，我也不建议将自己读过的书卖给旧书店或是放在网上出售，因为经过我们一番写写画画，这样的书显然已经不适合再次出售了。如果想要将自己读过的书再次出售的话，那么就一定要保持整洁才行。

或许有很多人会这样想：如果只入不出的话，那么家里的书岂不是泛滥成灾了？其实这一点完全没有必要担心，书是可以拿来送人的。如果你觉得某人很适合读某本书，而这本书的质量又恰好不错的话，那么你完全可以将这本书作为礼物送给他。

自己读过的书不卖给旧书商，也不放在网上出售的话，经济上或许会有一点损失，但如果送人的话，其收益有可能远超金钱上的收益。对方或许会因为读了你记在书上的笔记而得到重大启发。

总之，不要去考虑读完以后再次出售的事情，只管边读边在书上写写画画便可。

让知识共享成为一种习惯

要想巩固书中学到的知识，将其传授给其他人是个不错的办法。在现实生活中，不管是否真的有机会去教别人，首先我们要带着准备教别人的心态去学，这一点非常重要。

要想教别人，自己首先要学会，只有自己学会了，方才具备教别人的本钱，这是第一阶段。然后还要考虑教授的对象是谁、该如何表达才能让对方容易理解，这是第二阶段。

教别人要考虑使用适合对方的方式进行表述。学习的过程对于我们自身而言，就好像是“增肌”一样，时时刻刻都会有骨硬筋强的充实感。

因此，我们学完以后，就要实现向“教”的转变，哪怕只是和别人分享自己学到的东西，也能达到一定的效果。在“主动学习法”当中，强调只要经历了将学到的知识转述给其他人的过程，就不会轻易忘记。

较之学完之后就万事大吉的做法，向别人转述自己所学内容，会令我们记得更加扎实。教别人的过程，就是巩固所学内容，并将所学内容消化理解的过程，是教学相长的过程。

同时，你与之分享自己学习成果的人也会因此受益匪浅。既然有这样一个能使双方都受益的做法，又何乐而不为呢？

由于我曾经在大学里任教，故此对自己教过的东西绝不会轻易忘掉有过切身的体会。另外，教别人也能够锻炼我们直击事物本质的能力及总结能力。我就经常要求自己能够在5分钟或是10分钟内将当堂所教内容的要点总结出来。有时候，我更能从学生们各自的表现当中获益匪浅。

其实教授知识完全不需要像我这样的职业教师，只需大家将自己的知识拿出来与大家共享即可。但遗憾的是当今日本根本没有人这样做。日本人与人之间虽然也有交流，但日本的文化当中似乎并没有与别人共享自己知识的习惯。

这或许是由于日本人生性谦逊，不喜欢在人前卖弄学问的缘故吧，他们从不吝啬将自己的东西赠与他人，但却几乎不与人共享自己的知识。

但实际上，“卖弄”学识也好，敝帚自珍也罢，重要的是自己的行为会给对方带来怎样的影响。如果能够使对方受益的话，“卖弄”一下自己的知识又何妨呢？

无论是谁，都不会因为学到了新知识而觉得不快。总之，我们只要下定决心将自己的知识与对方共享就已经足够了，至于对方学不学得会，那就是他们自己的问题了。我们要让知识共享成为一种习惯，成为一种文化，并构建起以知识共享为目的的圈子或组织。

既然如此，何不从现在就由我开始呢？自己花费大量时间学到的东西，如果将其核心内容与对方分享的话，无疑对方将会受益匪浅。如今拍摄和发送照片都十分方便，向对方发送图片也不失为一个分享的好办法。

我们写游记时，会将当地的土特产、自己旅游的收获及感受等介绍给对方。同样，一本书读完三遍，我们也可以与对方分享自己的读书心得。付诸行动，并将思维转化成为语言，我们的思维过程才算是完整。

与朋友见面时，如果问对方："此前我看过一本非常有意思的书，你愿意花上 3 分钟时间，听我介绍一下吗？"相信对方会欣然同意。其实在我的朋友当中，就有这么一位，当他介绍完那本书以后，我对他非常感激。

特意将自己学到的知识分享给别人，这实在是一种让人感激的行为，我建议大家有机会也试着分享一下自己所学的知识。

我们可以先试着将自己所学的内容发到博客等社交媒体上，哪怕只是对某一句话的感悟也行。为了能够与别人分享自己的所学，参加各类读书活动或许是个不错的主意。

我参加的一个读书沙龙曾经举办过这样一项活动，就是让参加沙龙的100位成员分别用相机将自己最喜欢的书中感触最深的一页拍下来，并上传到自己的博客上。100页的内容发人深省、耐人寻味。如果能够参加此类活动的话，读书自然会平添不少乐趣。

此外，如果是为了将学到的知识传授给别人的话，那么学习时的效率与精度与之前相比也是不可同日而语的。

我们来看一个比较浅显的例子。我们参加研讨会时，每当演讲结束后，演讲者总会问："大家有什么问题吗？"相信多数情况下大家都提不出什么问题来。

但如果演讲者在发言之前就强调："请大家在我发言结束后提三个问题。"这时当他演讲结束后再请大家提问的话，与会者肯定都会举起手来。

其实大学的课堂上也是如此。如果只是被动听讲的话，当老师问到自己对今天的内容作何感想时，最后肯定会无言以对。但如果老师事前强调："被动听讲的话将会一无所获，因此我要求你们每人在我的讲义结束后都要提三个问题。"情况则会大不相同。

在课堂上就是这样，如果带着疑问去听的话，听课的态度就会与以往大不相同。相反，如果只是被动听讲的话，其结果只能是一无所获。读书也是一样，其实还没有开始阅读之前，我们的态度已经决定了一切。

“读书三连问”的巧妙运用

我刚开始在庆应义塾大学带研讨班的时候注意到了这样一个现象。我注册了一个研讨班所有人共用的博客账号，然后让班里的学生依次将书评上传到博客上。书目由我来决定，学生们可以从中任选一本，然后写书评。

通过让学生们写书评，我对他们的阅读能力也有了一个大概的了解。我感觉很多学生都没有读书的习惯，也因为这样的事实为他们感到惋惜。

另外，即使学生们写了书评，我还是感觉在他们当中，只有少数人读完书之后真正将书中的内容变成了自己的东西。好不容易读完一本书，却没能将其转化成自己的知识，这也是很令人惋惜的一件事。

我的能力并非是取决于我的才能，而是习惯。养成好的习惯，并能够每天坚持的话，自然会有好的结果。与此相反，如果采用一种过度依赖于热情和干劲的方法来增强自身能力的话，则绝对不会有什么好结果。但凡是有所成就的人，他们的成功都是由一个良好的习惯开始的。

因此我希望大家都能够养成读书的好习惯。如果能养成读书的习惯的话，它回馈给你的一定会让你觉得物超所值，等待你的也一定是一个皆大欢喜的结局。

接下来我们要介绍的就是“读书三连问”。第一，作者写这本书的初衷是什么；第二，这本书最为关键的内容是什么；第三，这本书对自己的人生有何帮助，或者自己作为一名研究人员，能够从这本书当中发现什么样的问题以及课题。

我观察学生们的情况后发现，他们在读书时会完全沉浸于书中，虽然能够将书中的知识点与信息记在头脑当中，但却缺乏变通，不知道灵活运用。他们对书的内容的记忆不会长久，因此，他们的思维能力也无法得到有效的锻炼。

我们读书时，要带着能够将自己学到的东西表达出来的意识去读。上述“读书三连问”我已经记录在研讨班的博客上，并让学生们针对这三点内容陈述了各自的感想。

好的读书方法可以让人受用终生。当然，或许每个人都有自己的一套方法，在此，我将我的方法分享给大家，大家不妨一试。

当时我们研究的课题是内容产业，所以书籍多为多媒体、信息科技、广告海报、个人隐私保护及知识产权方面的内容。

这些内容对于学生们来说都比较陌生，所以对他们来说应该有些难度，但由于课程的要求，又不得不读，于是他们就硬是把这些书都读了下来。读自己所不熟悉领域的书籍只需经过一点简单的训练即可。

其实无论他们是否喜欢读书，只要按照“读书三连问”中的要求去总结书中的内容即可。读书之所以会出现读不下去的情况，其原因在于目的不够明确。

要是漫无目的地去读书的话，就会出现拖拖拉拉的情况，而且即便读完以后也不知该如何运用。目的不明确是读书读不下去的主要原因。

对结果的执着是人们行动的动力来源。如果读书时抱着读完后向别人转述的想法去读的话，自然就不会出现读不下去的情况了。

我们研讨班的书评博客是由大家轮流更新的，每个月都会定期更新一篇书评。即使后来我不再带这个班了，我也还是会饶有兴趣地去看看上面写了些什么。由于学生们使用的是我教给他们的“读书三连问”来对自己所读的书进行总结的，所以跟我读书时得出的结论也是大同小异，但又不失他们自己的特色。

由于读书之前已经确定了“读书三连问”这一方针，故此阅读速度较之以往也会更快。此外，我告诉他们还可以运用“读三遍”的读书法。

当学生们的书评开始写得有模有样的同时，他们身上的其他方面也发生了巨大的变化。首先，学生们反映说，他们终于能够有计划地进行战略性的阅读了。进入社会以后，他们仍然保留着读书的习惯，也正因为如此，他们在处理大量文书及文件时仍然游刃有余。

通过在博客上写书评，我感觉到他们的表达能力有了明显的提高。在我带的班里，我并不亲自讲课，而是会选出一位代表，由他来讲，我只是旁敲侧击地从旁辅助而已。通过读书，学生们的表达能力得到很大的提升，阐述自己的观点时也表达得越来越清晰明了。

在我看来，表达能力弱是日本大学生的通病。虽然他们从小学习就很刻苦，但却非常不善于阐述自己的观点。表达能力不强在日本或许实属平常，但在国际上却行不通。

我经常对学生们说："你们都非常聪明，而且知识也非常丰富。"但是在烹饪时，我们需要的不仅仅是冰箱里丰富多彩的食材，还要有合适的烹饪方法。他们缺乏的，恰恰是烹饪的方法。

没有人能够在短时间内骤然提升自己的厨艺。高超的厨艺是在切伤手指、烫伤的过程中不断磨炼出来的。从这个意义上来讲，我所带的这个研讨班就是他们磨炼自己厨艺的地方，而绝不是收集食材的地方。

因此，我才会给他们机会，让他们频频发言阐述自己的观点。

学生们提问时，我不会亲自作答，而是让其他学生来回答他们的问题，这样一来，学生们才能在交流的过程中不断进步。我的这种做法，正与庆应义塾大学“半学半教，教学相长”的理念吻合。

那么其最终结果又会是如何呢？例如这给我们班里学生的求职带来了非常大的优势。面对面试官，他们不仅能够侃侃而谈，而且对于对方提出的问题也能理解得非常到位。同时，他们在换位思考、讨论问题及阐述自己的观点时也都表现得非常好。此外，读书让他们的见识更加广博，也更具行动力。

他们在求职活动中表现得如此出色，这全在我的意料之中，因为他们已经足以胜任任何一个行业的任何一个岗位。如今，我的学生们都已经活跃在各行各业各自的岗位上。

阅读是一种有力量的行为

我读书的目的并不是为了娱乐，因此我基本上不读小说，尤其是新近刊行的小说。文艺类书籍我主要阅读单行本的堪称经典的书籍，而且尽量不会涉足那些内容较为连贯、无法跳着读的著作。

阅读文艺类书籍所需的时间实在太长，而我又没有速读此类书籍的方法，所以只有不读。有时候我也会想写一些具有文艺气息的文章，但要写出此类文章，似乎需要下一番功夫才行。

就思维方式而言，我更善于思考一些逻辑性较强的事物，虽然对文艺类的东西也比较感兴趣，但我深知自己并不精于此道。

如今我读书的目的完全是为了增强自身实力，但有时候也会借此来调整一下自己的情绪。比如说比较忙的时候，我会读一些在森林中生活的书籍来缓解一下紧张情绪，这让我知道原来人还可以这样活着。各种各样的书籍就是我力量的源泉。

书架上摆放着许多精神食粮，我们通过摄取其中的养分来保障我们精神上的丰盛。

如果再次将自己已经读过三遍的书拿在手中的话，那些划线和笔记就会让我们想起当时自己的心境。如果是自己已经理解得非常透彻的书籍的话，那么我们的心情就会像是游览熟悉的景点一样，毫不费力就能抵达目的地。

读书就像是在为自己的人生绘制一张愿景蓝图。在一本书当中划线、记笔记、写写画画，都自有它的意义，这些就好像是罗盘一样。

不要轻易放过任何机会。其实时隔一个月以后，当我们再次读起一个月前已经读过的那本书的时候，总会有不同的感想与体会。一本满是自己印迹的书籍，我们多读一遍，我们对它的理解就会加深一分。

“100 分钟读三遍”读书法的十大战略

最后，我想将我的读书法的步骤总结一下。下面内容都是我们在前面言之未尽的内容，希望能够对各位读者有所帮助。

一、选书的技术（选择优质图书）

判断的标准就是“现在是否需要”；

首先将自己的三个需求写下来；

然后看书的书名和腰封，再看作者在这些方面是否有相关背景和实绩。

二、一开始要大体上摸清书的整体结构

仔细阅读目录；

审视各章节的结构；

在把握整体结构及主旨的基础上进行阅读；

了解其整体结构后，就能掌握哪部分的内容是重点；

跳过自己不感兴趣的部分；

以后或许能派上用场，但并非急需的部分原则上要略过不读。

三、确定读这本书所需的时间

规划开始阅读及阅读终了的时间；

设定了开始及终了时间以后，其结果就是一切都能够按计划准时完成。

四、确定阅读目的，设定阅读战略

明确为何要读这本书；

没有明确的战略只会让自己陷入迷茫，就好像登山之前没有明确的计划一样。

五、主动阅读（拒绝被动）

对于诱导性内容，将其作为参考即可；

相信自己的野性与直觉；

要采用与自己的需求相吻合的读书方法。

六、准确捕捉要点

准确捕捉目录、图表、趋势图、导言、尾声等最吸引人的部分所要表达的信息；

诸如章节的开头与结尾等重要部分要重点阅读。

七、要了解书籍的背景

了解作者的背景；

了解书籍的背景；

掌握作者最想表达的主旨究竟是什么。

八、要抱着与作者合著的心态去划线、记笔记

划线；

用自己的语言总结书中的内容并记在书上；

将自己的感悟记在书上。

九、转述书中内容的方法

要以向杂志投稿的水准去写书评；

总结重要内容时使用“读书三连问”；

与其他人分享读书心得与知识。

十、教学相长

用自己的语言写下来有助于深化学习成果；

教是学之化境；

组织好语言，让自己转述的内容更加简明扼要；

在理解的基础上转述书中的内容，更有利于加深理解。

后记

有人曾经问过我关于恋爱论都有哪些名著。在我看来，司汤达的《恋爱论》固然不错，但最为有名的却非弗罗姆的《爱的艺术》莫属。

爱是一门技巧

弗罗姆在《爱的艺术》一书中这样写道。

人人都渴望被爱，但却都不肯付出自己的爱。我们还都不习惯于爱和被爱。究竟该如何去爱？爱的方法又都有哪些呢？

归根结底，这一切都是技术方面的原因。就是因为我们没有学到爱的技巧，所以才不懂该如何去爱。其实读书也是一样的道理，读书也是一门技巧。爱也好，读书也罢，正是因为我们认为这些都没有什么技术含量，所以才不得其法。

技术是可以学习的。

明白了爱是一门技巧的同时，我们便懂得了爱。读书也是一样，明白读书也需要技巧的时候，我们自然就学会了读书。

技巧和诀窍非常重要。这本书就着重强调了读书的技巧和诀窍。无论是不喜欢读书的人，抑或是阅读量很少的人，只要学习了书中的技巧，就会发现原来读书会让我们的人生变得如此丰富多彩。

我 20 多岁的时候，生活费中的一半都用来买书。之所以会如此，完全是因为一本书中的一则轶事。至今我仍然清楚地记得这则轶事。

有一个 10 多岁的少年问一位著名作家：

“如何才能成为像您一样伟大的作家呢？”

作家答道：

“立刻花光你打工赚来的钱，去买一支钢笔。”

如果你真地对自己将来的梦想满怀憧憬和热爱的话，就应该立刻投身其中，只有这样，才能表明我们对于将来的决心和态度。这是我读完这则轶事的感悟。赚钱以后就开始买书，这并不是一件难事。但没开始赚钱就开始买书，就足以表明这个人对书籍有多么热爱。同时，我们也可以预见，将来这个人必将从书籍中获益良多。

我的钱并非花在购买实用性物品及令人垂涎的美食上面，而